Helga Montag

Mein Vater, der Agent

Bruchstücke einer deutschen
Familiengeschichte

Verlag & Druck: tredition GmbH, Hamburg
Deusche Erstausgabe 2018
© 2018 Helga Montag
Umschlaggestaltung und Satz: Martin Geiger
(www.wortschnitzer.de)
Gesetzt aus: Minion Pro, 12/13,5
ISBN: 978-3-7469-7355-5
978-3-7469-7356-2

Inhalt

Vorwort	6
Im Visier der Stasi?	9
Die Suche beginnt	12
Eine Frage an die Mutter - keine Nachfrage	15
Bilder im Kopf I: Der Kindervater - Welterklärer und Sadist	17
Bilder im Kopf II: Das verlassene Kind	30
Schritte der Emanzipation	35
Eine Journalistin, die nicht fragt	39
Mein Vater - ein Nazi	43
Ein verräterisches Empfehlungsschreiben	53
Alte Geschichten, die mich nicht loslassen	60
Die Entnazifizierungsakten, eine Fundgrube	65
Von einem Brennpunkt zum nächsten	74
Von der Abwehr zur Gestapo: Schwieriges Pflaster	85
Von „Persilscheinen" und Grauzonen	93
Schaltstelle Dresden	104
Mein Vater und der Doppelagent	107
Wer war A 54?	110
Unerwartete Auskünfte	120
Geheimnisvolles Holland	122
Ukrainische Spuren	127
Partisanenbekämpfung in Jugoslawien	128
Die Spur der Einsatzgruppen	139
Der amerikanische Geheimdienst und der Lügendetektor	146
Auf der Suche nach der Wahrheit	160
Nicht wie meine Eltern	169
Geschichte und Spekulation	171
Nachwort	172
Archivanfragen	176
Literaturhinweise	177
Danksagung	185

Vorwort

Ich habe eine besondere Position in unserer Familie. Ich bin das einzige von vier Kindern, das in Bayern geboren ist. Ich bin also kein Flüchtling wie alle anderen. Ich bin das einzige Kind, das nach dem Ende des Krieges zur Welt kam. Ich bin die Einzige, deren Bildungsweg geradlinig verlief. Insofern hatte ich von allen die beste Rolle.

Unter dem Druck der Verhältnisse hielt die Ehe unserer Eltern nicht stand. Armut und Not, die fremde Umgebung, die fehlende Großfamilie, Enttäuschungen, Kränkungen, Streit, Vorwürfe, Schweigen, - und am Schluss die Trennung... Jedes der Kinder hatte auf seine Weise darunter zu leiden, jedes der Kinder erlebte die Konflikte in einer anderen Kindheitsphase, jedes hatte andere Lasten zu tragen und zu ertragen, jedes reagierte anders.

Ich beschloss, meine Gefühle zu vergraben, mich von dem, was mit Familie zu tun hatte, zumindest emotional zurückzuziehen. Distanz zu schaffen vor allem zum Vater, dem meine Mutter die Schuld an ihrem und unserem Unglück gab. In meiner Vorstellung lebten alle meine Freundinnen in einer glücklichen Familie, nur ich nicht.

Es hat lange gedauert und war mühsam, bis ich mich von diesen Kindheitstraumata einigermaßen befreit hatte. Sie hindern mich nicht mehr am Leben, aber sie haben Spuren hinterlassen.

Die Recherchen über meinen Vater, von dessen Lebensweg ich keine Ahnung hatte, begann ich erst nach seinem Tod. Nach mühsamen Anfängen gelang es mir, Bruchstücke seiner Biographie zusammenzusetzen. Zeitweise fand ich das spannend wie einen Krimi, emotional berührte mich das, was ich herausfand, nur selten.

Als ich daran ging, die Rechercheergebnisse in einen

Zusammenhang zu bringen und daraus eine Geschichte zu machen, die Manuskriptform erhielt, merkte ich, wie viel Überwindung es mich kostete, diesen Mann, der mein Vater war, in den verschiedenen historischen Konstellationen als meinen Vater zu benennen. Aber wie sollte ich sonst über eine Vater-Tochter-Beziehung schreiben? Mir wurde klar, dass ich über die frühen Phasen meines Lebens nur aus der Distanz schreiben konnte. Distanz herstellen musste ich auch zu mir selbst in den verschiedenen Daseinsformen in den unterschiedlichen Abschnitten meines Lebens.

Mittlerweile habe ich die Schmerzen des Kindes von damals hinter mir gelassen und bin eine andere, deshalb schuf ich die Distanz bewusst auch sprachlich – und in der Typographie.

Über die Gefühle in meiner frühen Kindheit konnte nur „das Kind" erzählen.

Nach der Trennung der Eltern war es „das Mädchen", das die Veränderung wie die Vertreibung aus dem Paradies erlebte und sich keine Gefühle mehr erlauben konnte.

Der „Teenager" hatte mehr Möglichkeiten der Auseinandersetzung.

Die Studentin begann einen Prozess der Emanzipation, der über viele Hürden und Stufen führte.

Das Personalpronomen ‚ich' ist reserviert für die Erwachsene.

Als Erwachsene hatte ich mich irgendwann befreit vom Ballast der schwierigen sozialen Verhältnisse und der familiären Konstellation. Ich sah mich in der Lage, genau hinzuschauen, mich ohne Vorurteil in Bezug zu setzen zu den Eltern. Ich erlaubte mir, das, was ich früher gar nicht wissen wollte, anzuschauen. Doch die Sprachlosigkeit der

Eltern und meine eigene Abwehr gegenüber familiären Beziehungen und Nähe hatten mir den Zugang zu ihnen längst verwehrt. Die Recherche konnte nicht mehr als eine Annäherung sein, angereichert mit Rahmenbedingen, Wahrscheinlichkeiten und Mutmaßungen. 20 Jahre lang habe ich mich mit unterschiedlicher Intensität auf die Suche nach den Spuren meines Vaters gemacht. Ein Jahr lang habe ich versucht, die Ergebnisse in einen Text zu gießen. In der letzten Zeit sind mir Zweifel an der Sinnhaftigkeit dieser Arbeit gekommen, schließlich gibt es so viele aktuelle Probleme, um die man sich kümmern sollte. War es das wert? Im Nachhinein stelle ich fest, dass ich die Probleme meiner Kindheit und die Schwierigkeiten, die mir meine Familie vererbt hat, hinter mir lassen kann. Ich habe mich auseinandergesetzt. Ich habe begriffen, dass ich nicht die einzige mit derlei Problemen war. Im strengen Sinn gehöre ich nicht zur Generation der Kriegskinder, ich habe keine Bombeneinschläge gehört, ich habe keine Fluchterinnerungen, ich habe das zerstörte Dresden nur in Bildbänden kennengelernt. Doch die Erfahrungen meiner Eltern haben einen Schatten auch auf mein Leben geworfen, den ich weitgehend, aber nicht gänzlich loswerden kann.

München, Oktober 2018

Im Visier der Stasi?

Mit einer einfachen Frage meiner „großen Schwester" fing es an: „Warum hat unser Vater eigentlich seine alte Mutter nicht mal in der DDR besucht? Richard hat sie doch sehr geliebt."

Mai 1996: Zusammen mit meiner Schwester fahre ich nach Dresden, der Heimatstadt unserer Mutter. Von dort ist es nicht weit in die Oberlausitz. Wir machen uns auf die Suche nach der Familie unseres Vaters, der im Oktober 1992 gestorben war. Ich hatte noch nicht einmal den Namen des Ortes gekannt, in dem er aufgewachsen war. Ich wusste die Vornamen meiner Großeltern von der väterlichen Seite nicht. Meine Schwester ist ein paar Jahre älter, sie kann die Namen der Großeltern und der Brüder meines Vaters aufzählen. Sie kann sich auch noch an deren Besuche bei uns „im Westen" erinnern. Ich war damals noch zu klein.

Wir kommen unangemeldet. Ein verschlafenes ländliches Dorf, ein kleines Haus an der Straße. Im Hof: ein jüngerer Mann. Er schaut misstrauisch, so als ob jetzt die Wessis kämen und ihnen etwas wegnehmen wollten, denke ich. Es ist unser Cousin. Er holt seine Mutter. Ihr Mann, der Bruder unseres Vaters, ist vor einiger Zeit gestorben. Sie hat unsere Eltern noch gekannt. Spontan fällt ihr das letzte Zusammentreffen mit ihrer Schwägerin, unserer Mutter, ein, die kurz nach Kriegsende mit den drei kleinen Kindern von Dresden aufs Land zu Besuch gekommen war, damit die sich mal satt essen konnten. Sie erzählt, wie der zu dieser Zeit etwa zweijährige Sohn dreizehn Kartoffeln mit Leinöl verdrückte – eine Geschichte, die ich so schon von meiner Mutter und den großen Geschwistern her kannte. Familienlegenden.

Wir bekommen Kartoffeln mit Quark und Leinöl aufgetischt, unser Familienessen über die Zeiten und die deutsch-deutsche Grenze hinweg. In der Nähe leben zwei Brüder unseres Vaters. Wir treffen sie in der Datscha. Und hier fällt die Frage: „Warum hat Richard seine alte Mutter nicht mal in der DDR besucht?" Er habe mit jemandem von der Stasi mal über seinen Bruder im Westen geredet, erzählt einer der Brüder. „Der soll nur kommen", habe der Stasi-Mann gesagt, „dann packen wir ihn uns." - Was die Stasi über ihn wusste, das konnte unser Onkel nicht sagen. Nur soviel: Richard sei sehr früh zu den Nazis gegangen, er habe wohl irgendwelche Linken ans Messer geliefert. Der Vater, also mein Großvater, sei Bürgermeister des Ortes gewesen und ein Sozialdemokrat. Er habe nicht verstehen können, dass sein Sohn ein Nazi geworden sei. Sie hätten über die Politik gestritten und schließlich nicht mehr mit einander geredet. Irgendwann während des Krieges sei mein Vater heimlich nachts zuhause aufgetaucht. Vater und Sohn hätten sich ausgesprochen und versöhnt. - Mehr war nicht zu erfahren.

Meine Mutter war zum Zeitpunkt dieses Gesprächs schon alt und krank, eine andere Verwandte, die noch etwas hätte wissen können, konnte oder wollte auch nichts mehr erzählen. Ich kam zu dem Schluss, dass wohl keiner in der Familie wirklich etwas über die Vergangenheit meines Vaters wusste. Schriftliche Aufzeichnungen hatten weder meine Mutter noch mein Vater gemacht. Ein paar Briefe, die sie nach der Scheidung gewechselt hatten, und die Briefe, die mir mein Vater hin und wieder geschrieben hatte, waren das einzige Schriftliche, das ich hatte.

Ich brachte noch nicht einmal die simplen Daten der väterlichen Biographie zusammen. Ich hatte nie ein Foto seiner Eltern, also meiner Großeltern, gesehen. Als ich bei den Verwandten ein Fotoalbum durchblättere, staune ich über die Bilder. Meine Mutter hatte sich immer eher herablassend über die dörfliche, bäuerliche Verwandschaft meines Vaters geäußert, die es nicht aufnehmen konnte mit der gut bürgerlichen, kulturinteressierten Familie in Dresden. Aber aus dem Album schauen mir eher städtisch gekleidete, stolz dreinblickende Menschen entgegen, die sich für den Gang ins Fotostudio ähnlich schick gemacht hatten wie die Verwandten meiner Mutter, deren Bilder ich von Klein auf kannte. Meine Eltern hatten sich scheiden lassen, als ich ein Kind war. Ich hatte nachher zwar Kontakt zu meinem Vater gehabt, aber nur lose und sporadisch.

Schon seit längerem hatte ich mir immer wieder mal Gedanken gemacht, welche Rolle mein Vater wohl in der Nazi-Zeit gespielt hatte. Weder er noch meine Mutter hatten darüber geredet. Nur bruchstückhaft konnte ich ihren Lebensweg im „Dritten Reich" nachvollziehen. Einige Stationen kannte ich. Und die lagen entlang von wichtigen Brennpunkten der NS-Zeit. Mein Vater war immer dann dort, wenn Entscheidendes und Dramatisches passierte: beim sogenannten „Anschluss des Sudetenlandes", in Ostpreußen zur Zeit des Überfalls auf Polen, bei der Besetzung der Tschechoslowakei, im Krieg in der Ukraine und bei der Partisanenbekämpfung in Jugoslawien.

Nach dem Besuch bei den Verwandten in Sachsen war ich neugierig geworden. Ich wollte mehr wissen.

Mein Vater Richard Montag. Die Aufnahme stammt vermutlich aus den frühen 1960er Jahren.

Die Suche beginnt

27. August. 1996. Meine erste Anfrage bei der Behörde des Bundesbearuftragten für die Stasi-Unterlagen (BStU) in Berlin zu Richard Montag, geb. 29. Januar 1912, formuliere ich vage:

„R. Montag war in den 20/30iger Jahren beschäftigt beim Polizeipräsidium Dresden. Vermutlich arbeitete er später für die Abwehr. Er soll als Weingroßhändler unter falschem Namen in Polen und der damaligen Tschechoslowakei unterwegs gewesen sein: Verwandte haben sich erinnert, daß er auch unter dem Decknamen „Herr Peters" aufgetreten ist. Möglicherweise stand er in Beziehung zur Gruppe um Canaris. Es kursieren Gerüchte, wonach er für das Ministerium für Staatssicherheit gearbeitet habe bzw. habe das MfS behauptet, er habe mit den Nazis zusammengearbeitet."

27. September 1996. Es dauert nur einen Monat, dann erhalte ich aus der Stasi-Unterlagen-Behörde eine abschlägige Antwort. In den bisher erschlossenen Beständen des Staatssicherheitsdienstes hätten sich derzeit keine Hinweise auf Richard Montag gefunden. Nach 1999 könne es neue Erkenntnisse geben.

Schon im Jahr darauf kommt überraschend die Mitteilung, die weiteren Ermittlungen hätten nun doch Unterlagen über meinen Vater zu Tage gefördert, allerdings nicht in der Stasi-Unterlagen-Behörde, sondern im Bundesarchiv in Berlin. Dort müsse ich also meine Anfrage stellen. Die Signaturen der Akten sind dankenswerterweise gleich angefügt.

Später lese ich nach, dass längere Auseinandersetzungen darüber stattgefunden hatten, ob die Stasi-Unterlagenbehörde oder das Bundesarchiv das NS-Archiv verwalten sollte, das das „Ministerium für Staatssicherheit" in den 60iger Jahren zur Aufklärung von Nazi- und Kriegsverbrechen angelegt hatte – zur späten Entnazifizierung in der DDR, vor allem aber, um das Material zur Diskreditierung von Personen in der Bundesrepublik einzusetzen. Ich hatte also zunächst genau bei der richtigen Stelle angefragt.

Also Antrag beim Bundesarchiv: Von dort bekomme ich schließlich im April 1997 einen Packen Kopien zugeschickt:
- einen handgeschriebenen Lebenslauf ohne Datierung, der im Jahr 1940 endet. Darin behauptet mein Vater, dass er schon 1931 der NSDAP beigetreten sei. Er stellt seine Laufbahn in der SA dar und beschreibt seinen Weg von der Schutzpolizei zur Gestapo, seine Übungen bei der Wehrmacht und seine Aktivitäten bei der Abwehr in den Dreissiger Jahren;

- einen sogenannten „R.u.S.=Fragebogen", eingereicht im Juli 1940 bei der Dienststelle des Sicherheitsdienstes bei der Staatspolizeileitstelle Reichenberg, das heißt, einen Fragebogen des Rasse- und Siedlungsamts. Ihm sind mehrere Daten zu entnehmen, die ich zunächst nicht alle einordnen kann: Mitglied der SA, der „Sturmabteilung" der NSDAP, von 1931 bis November 38, SS-Bewerber, Gefreiter und Reserveoffiziersanwärter, Kriminalassistent, Geheime Staatspolizei. Abgebildet sind auch drei Fotos, die ihn im Porträt von vorn und von der Seite, sowie stehend im Anzug zeigen;
- mehrere Seiten detaillierter Krankenakten aus dem Jahr 1942, mit denen ich nichts anfangen kann;
- und drei Schreiben, aus denen hervorgeht, dass mein Vater 1936 beantragt hatte, den Zeitpunkt seines Beitritts zur NSDAP früher zu datieren. Im beiliegenden Bescheid wird der Antrag abgelehnt. Richard Montag habe seine Aufnahmeerklärung nicht im Jahr 1931, sondern erst am 6. Februar 1932 ausgefüllt und sei zum 1. März 1932 in die Partei aufgenommen worden. Mitgliedsnummer 1005 525.

Vor mir liegen die Bruchstücke einer Biographie, die für Historiker vermutlich Aussagekraft haben, deren Bedeutung sich mir im einzelnen aber nicht gleich erschließt. Offensichtlich war mein Vater tiefer verstrickt ins Nazi-System, als ich mir gedacht hatte. Will ich mich wirklich hineinbegeben in diese dunkle Vergangenheit? Die Akten landen erstmal in der Schublade. Die Turbulenzen meines eigenen Lebens drängen sich in den Vordergrund.

Eine Frage an die Mutter –
keine Nachfrage

Als Studentin hatte ich meine Mutter einmal gefragt, ob mein Vater denn ein Nazi gewesen sei. Für die 68er-Generation eine typische Frage. Nach den gedankenlosen Jahren des Wiederaufbaus und des sogenannten Wirtschaftswunders, nach der bleiernen Zeit unter der Kanzlerschaft von Adenauer und Erhard mit ihrer „Keine Experimente"-Politik waren junge Leute herangewachsen, die – anders als ihre Vorgänger – nicht nur möglichst schnell Geld verdienen und Karriere machen wollten. Sie wagten es, die festgefahrenen Strukturen, die bürgerlichen Konventionen und die Denkverbote ihrer Eltern in Frage zu stellen. Sie akzeptierten das Dogma des Antikommunismus nicht und hinterfragten die Großmachtpolitik der USA. Sie demonstrierten gegen das autoritäre Regime des Schahs im Iran und gegen den Vietnamkrieg – und sie setzten sich auseinander mit der deutschen Vergangenheit. Mehr und mehr drang ins Bewusstsein, dass die Entnazifizierung mit dem Beginn des Kalten Krieges ins Stocken geraten war und alte Nazis längst wieder in wichtigen Ämtern saßen. Hans Globke im Kanzleramt von Konrad Adenauer, Hans Georg Kiesinger als Bundeskanzler sind nur zwei Beispiele einer unerträglichen Kontinuität, die sich durch alle Bereiche der Gesellschaft zog. Die Generation der jungen Leute, die Ende der 60iger Jahre an die Hochschulen gingen, drängte darauf zu erfahren, was ihre Eltern in der NS-Zeit getan hatten.

1967 kam ich – schüchtern, zurückhaltend, aber neugierig – aus der oberbayerischen Provinz in die quirlige Großstadt München, an die Uni, in der Teachins an der

Tagesordnung waren, politische Diskussionen in Vorlesungen und Seminaren ausgetragen wurden. Die Debatten, die unter den Studenten und in der sich formierenden APO über die nationalsozialistische Vergangenheit und die Verbrechen der Nazis geführt wurden, erreichten auch mich. Ich fragte also meine Mutter, ob mein Vater eigentlich ein Nazi gewesen sei, denn manche seiner politischen Äußerungen waren mir suspekt erschienen. „Nein" antwortete meine Mutter, „ein Nazi war er nicht". - Und ich stellte keine weitere Frage mehr. Dreißig Jahre später sollte ich erfahren, dass er doch ein Nazi war, im Alter von 20 Jahren beigetreten, mit einer Laufbahn bei SA und Gestapo.

Bilder im Kopf I: Der Kindervater – Welterklärer und Sadist

Sie wurde geboren, als es schwer war, die schon vorhandene Familie durchzubringen, nur gute zwei Jahre nach dem Ende des Krieges. Kinder werden immer geboren, zu allen Zeiten, unter allen Umständen. Und das Schlimmste war ja schon vorbei. Auch im Krieg werden Kinder gemacht und in eine chaotische Welt gesetzt, in der sie keine Chance zu haben scheinen. Weil es eben passiert ist, oder als Ausdruck eines kaum klein zu kriegenden Überlebenswillens?

Sie hörte den Satz immer wieder: Du warst nicht geplant. Ich habe Dich nicht gewollt. Von klein auf. Mit dem Nachsatz: Aber als Du da warst, habe ich Dich genauso lieb gehabt wie die anderen, da hätte ich Dich nicht mehr hergegeben. Doch sie hörte mehr den ersten Teil, an den Nachsatz glaubte sie nicht so recht. Es setzte sich in ihr fest: Ich habe Dich nicht gewollt. Sie konnte es ja auch verstehen. Drei Kinder waren schon da. Der Vater war nach zwei Jahren in der Wehrmacht im Kriegsgefangenenlager in Garmisch gelandet. Wie er schließlich nach Bayern kam, darüber wurde nie geredet. Sie waren Flüchtlinge. Das ließ man sie auch immer wieder spüren.

Altenmarkt, ein oberbayerisches Dorf, sehr dörflich damals noch, umspült von zwei Flüssen, umgeben von einer idyllischen Auenlandschaft im Voralpenland. Der Vater hatte die Mutter mit den drei Kindern nachgeholt, aus Sachsen in den Süden, von der berühmten Kunststadt Dresden in die tiefste bayerische Provinz. Sie war zu ihm gefahren mit den drei Kindern, von der sowjetisch besetzten in die amerikanische Zone, hatte im Lager Moschendorf bei Hof auf ihn gewartet. Und als sie im Oktober 1946 im neuen Wohnort ankam, musste sie feststellen, dass es da wohl noch diese und jene andere Frau in seinem Leben gab. Wie sollte sich die Mutter da freuen, als sie merkte: Ich bekomme das vierte Kind. Die Tochter konnte das alles schon verstehen, aber was heißt das schon? Für sie blieb dennoch unauslöschlich der Satz: Ich habe Dich nicht gewollt. Sie hatte schnell gelernt, dass man die anderen verstehen muss und die eigenen Gefühle nicht so ernst nehmen darf. Noch bevor sie Sprache entschlüsseln konnte, hatte sie diesen einen Satz begriffen. Das Neugeborene spuckte die Muttermilch aus, immer wieder, bis die Mutter Angst bekam, das Kind würde verhungern. Unpersönlich, ohne den mütterlichen Ballast, klappte später die Ernährung. Was das Kind behielt, war eine bis ins Erwachsenenalter andauernde Abneigung gegen Milch.

Da es sich also ernähren ließ, wuchs das kleine Mädchen. Auf den rundum gezackten kleinen Fotos sieht es mit einem guten Jahr sogar richtig rundlich aus, wie ein Püppchen sitzt die Ein-Jährige zwischen der fast gleich großen Schildkrötpuppe und dem weißen Teddybären auf dem Sofa, lächelnd, wonnig; steht da und hält sich fest an einem altmodischen, hochrädrigen Puppenwagen.

Die Fotos trügen. Sie weiß es aus Erzählungen. Die Welt war nicht heil. Was ihre erste Krise ausgelöst hat, weiß sie nicht. Auf jeden Fall war es keine gewöhnliche Kinderkrankheit, die das Kind bekam. Der medizinische Begriff, unter dem man ihr später davon erzählte, ließ die Ärzte die Stirn runzeln und Theorien entwickeln. Ohrspeicheldrüsenvereiterung. Manche behaupteten, eine Krankheit mit diesem Namen gebe es nicht. Dennoch wäre das Kind beinahe daran gestorben. Die Ärzte hatten es schon aufgegeben, die Krankenschwestern aber konnten es nicht mitansehen und nahmen die Eineinhalb-Jährige zu sich ins Zimmer und pflegten und hätschelten sie. Fern von der Familie, die sich wegen der Ansteckungsgefahr nur bis zum Türspalt nähern durfte, wurde das Kind wider Erwarten gesund. Später, wenn es wieder mal in dieses Krankenhaus kam und die alten Schwestern traf, die es am Leben gehalten hatten, bestaunten sie es und wunderten sich, dass so gar nichts geblieben war. Keine Narben von den eiternden Geschwüren und den zahllosen Punktionen am Nacken, keine Schäden. Das Kind war einfach normal.

Als die Mutter das Kind aus dem Krankenhaus geholt hatte, war sie sich dessen nicht so sicher gewesen. So merkwürdig hatte es die Augen verdreht, dass die Mutter fürchtete, es sei nach der Krankheit geistig behindert. Doch es war wohl nur die ungewohnte frische Luft, die Anstrengung der ersten Ausfahrt im Kinderwagen, die Welt, die auf es einstürzte. Von da an nämlich entwickelte sich das Kind wie andere Kinder, zeitweise zumindest. Es gibt wenige Fotos aus der Zeit, dass hat wohl damit zu tun, das die Flüchtlingsfamilie kein Geld hatte und sich Filme und Abzüge von Bildern nicht leisten konnte.

Es bleiben mir die Bilder im Kopf. Beerensuche heißt eines davon. Die ganze Familie ist im Wald unterwegs, in dem noch Heidelbeeren und Erdbeeren und Pilze wachsen, der voll ist mit Zapfen, mit denen man im Winter die Öfen heizen kann. Alles wird gesammelt. Nicht zum Vergnügen, sondern, weil die Familie nur so überleben kann. Jeder muss mitmachen. Die Kleine sammelt also Beeren in ihr buntes Blecheimerchen - und isst sie gleich wieder auf. Wenn es ihr endlich gelingt, den Boden des Eimers mit Beeren zu bedecken, ist sie glücklich. Das Nesthäkchen hat Freiheiten, die Geschwister haben schon Pflichten.

Milch holen steht über einem anderen Kindheitsbild, das sich in mir festgesetzt hat. Milch holen bedeutet für das Kind einen langen anstrengenden Weg den Berg hinauf zum Gutshof neben der riesig scheinenden Rokokokirche. Milch holen, das hieß, die Kinderhand in die des Vaters zu legen, der wunderbare Geschichten erzählen kann und der ihm die Welt eröffnet. Er zeigt der Tochter die Goldfische im Teich vor der Kirche, die Kälbchen im Stall und die Rehe im Wald. Er weiß die Namen von Bäumen und von Vögeln und er scheint sich mit allen Leuten zu verstehen, die sie auf ihren gemeinsamen Wegen treffen. Milch holen war immer ein Ereignis für das Kind, von dem es erschöpft zurückkam und das es jedes Mal aufs Neue genoss, weil es den Vater für sich hatte, weil es sich in seiner Nähe aufgehoben fühlte, weil es Unbeschwertheit und Wärme spürte. Milch holen kann man jetzt dort oben nicht mehr, die Kühe sind abgeschafft. Aber das Gut besteht noch, im Teich schwimmen auch heute noch dicke Goldfische, die alte Wirtsstube ist fast unverändert, nur die Speisekarte ist modisch geworden und tümelt bayerisch. Und der Weg dorthin ist ganz anders als früher, obwohl die Straße dieselbe geblieben ist. Ein kurzer Spaziergang nur. Kinderperspektive hält nicht. Die Rokokokirche erscheint mir weniger schmuckvoll und mächtig - auch wenn sie an ihrem erhabenen Platz weit übers Land ragt. Die Welt wächst nicht mit.

Von der Kirche führte ein Weg hinunter zum Fluss, durch einen Buchenwald, dessen helles Grün im Frühling das Kind beeindruckte und in dessen Laub es im Herbst wunderbar raschelte. Im Winter fährt es mit dem Vater auf dem Schlitten den Berg hinab, in rasender Fahrt, wie es ihm damals scheint.

Der Fluss aber gehört zum Sommer, da planscht die Kleine mit den Geschwistern, die alle schon schwimmen können. *Da nimmt sie der Vater auf den Rücken und sie treiben den Kanal hinunter. Die Agfa Box hat Schnappschüsse dieses Lebens festgehalten: Kind auf Schlitten, Kind mit Gießkanne am Fluss, Kind im blühenden Garten, Kind mit Nachbarskindern auf dem Sportplatz gegenüber dem Wohnhaus, Kind lächelnd.*

Sie waren eine Familie. Das Kind fühlte sich geborgen beim Vater, der es überall hin mitnahm und herumtrug, so dass die Leute schon glaubten, es könne nicht laufen; der wunderbare Geschichten vom Berggeist Rübezahl und dem Riesengebirge erzählen konnte. Ein Vater, warmherzig und kontaktfreudig, lebenstüchtig. Die Fotos in ihrem Album zeigen einen gut aussehenden, energiegeladenen Mann, auf einem trägt er eine Militäruniform, das mag die Mutter gar nicht. Die Mutter sieht sehr schmal, fast ausgemergelt aus, leidend, angespannt. Sie ist eher zurückhaltend, die Kühlere von beiden, weniger lebensfroh. Aber sie ist fürsorglich, näht Kleidchen für die Tochter und die Schildkrötpuppe, versucht die Kleine manchmal zu verwöhnen, wenn sie sie beim Samstagsfrühstück ganz unvernünftig den Bohnenkaffee probieren lässt, obwohl das nun wirklich nichts für Kinder in ihrem Alter ist. Da sind drei große Geschwister, die sich selbstverständlich um die Jüngste kümmern; gleichaltrige Freunde im Haus, größere Freunde der Geschwister, eine ganze Horde von Kindern, mit denen auch die Kleinen herumtoben. Die Armut spürt das Kind nicht. Von der Vorgeschichte der Familie, von Flucht und Angst und Entwurzelung weiß es nichts.

Das einzige, was die Kleine nicht versteht, warum dieser geliebte und zu ihr so liebevolle Vater den Bruder drangsaliert und quält. Einzelne Szenen bleiben in ihrer Erinnerung: Der Neunjährige kommt vom Metzger, wo er in der großen Milchkanne frische Brühe und Wurst ho-

len sollte. Der Metzger aber hat ihm lauter Wurstzipfel eingepackt. Der Vater verprügelt ihn mit der Haselnussgerte, mit dem Gürtel, ohrfeigt ihn, bis er Nasenbluten bekommt. Wenn der Junge, weil er keine Schuhe hat, den ganzen Tag barfuß gelaufen ist, dann schrubbt ihm der Vater brutal mit der Wurzelbürste die Füße. Wenn er es dem Vater nicht recht gemacht hat, dann muss der Sohn im Keller „Scheitelknieen", muss es aushalten mit nackten Knien auf rohen Holzscheiten, bis ihn jemand erlöst – manchmal ist es die Kleine, meist die Mutter, die ihren Sohn vor dem rabiaten Vater zu schützen versucht. Kindesmisshandlung. Keiner versteht, warum der Vater den Sohn so drangsaliert.

Die große Schwester erinnert sich noch an die Szene, als der Vater auf dem Bahnsteig in Hof seine Familie zum ersten Mal nach dem Krieg wieder traf. Er habe die Mutter und die beiden Töchter begrüßt. Den dreijährigen Sohn, den er vorher noch nie gesehen hatte, nahm er zunächst gar nicht zur Kenntnis. Heute weiß man, dass viele Männer, die traumatisiert aus dem Krieg zurück kamen, ihre Kinder prügelten und quälten...Ist es eine Erklärung, dass er ihn erst kennengelernt hat, als der Junge drei Jahre alt war, weil er noch vor dessen Geburt in den Krieg musste? Allerdings schikaniert er auch seine zweitälteste Tochter, die besonders an ihm hängt. Das Kind erinnert sich an Mittagessen, bei denen er Bratkartoffeln mit viel Zwiebeln gemacht hat. Das Kind liebt das, aber die Schwester ekelt sich davor. Und der Vater zwingt sie, aufzuessen. Unter Tränen muss sie am Tisch sitzen bleiben, bis der Teller leer ist, oder der Vater setzt ihr das Essen am Abend wieder vor. Das Nesthäkchen bekommt nichts dergleichen zu spüren. Es hat Mitleid mit den Geschwistern. Es leidet unter dieser Seite des so geliebten Vaters.

Dennoch: Im Rückblick erscheinen mir die ersten sieben Jahre im Dorf wie eine schöne Zeit, in der ich mich geborgen gefühlt habe im Kreis der Familie, umgeben und umsorgt von den drei älteren Geschwistern. Auf den Fotos mit den gezackten Rändern sehe ich ein heiteres, lächelndes Kind. Eines gefällt mir besonders: das kleine Mädchen im coolen Trenchcoat, fröhlich und selbstbewusst, mit einem Gesicht, das Widerspruchsgeist und Kraft ausdrückt. Vielleicht trügt der Eindruck, oder diese Power ist zeitweise verloren gegangen. „Helga ist ein sehr vernünftiges Kind", sagte meine Mutter immer stolz, wenn sie mich vorgestellt hat. „Ja, leider", werde ich mir später denken. „Ich musste Rücksicht nehmen auf die Mutter, die immer traurig war und immer häufiger krank wurde. Ich durfte meine eigenen Bedürfnisse nicht wahrnehmen, ich musste so funktionieren, wie die andren es erwarteten." - Noch heute ertappe ich mich dabei, dass ich es den anderen recht machen will. Immer wieder muss ich den inneren Dialog führen, um herauszufinden, was ich will, und mir gut zureden, dass ich das dann auch tue - und nicht das, von dem ich vermute, dass es die anderen von mir erwarten...

Aus dem Familienalbum
(von links oben): Helga als
Einjährige.

Die vier Geschwister Ursula,
Werner, Heidi und Helga.

Die Eltern mit den beiden
Kindern Heidi und Helga.

Werner und Helga an deren
erstem Schultag.

Helga als Zehnjährige im Mädchenheim in Traunstein/Oberbayern (oben).

Ein Bild aus der damaligen Zeit.

Erste rebellische Akzente in der frühen Jugend. Das Foto von Helga entstand in Trauenreut.

Resignation in der elterlichen Wohnung in Trauentreut.

Bilder aus der späteren Jugend und aus der Studentenzeit von Helga.

Bilder im Kopf II:
Das verlassene Kind

Eine andere Szene in meinem Kopf. Sonntagmorgen im Ehebett, auf der unbequemen Ritze in der Mitte. Sie reden über die Scheidung und fragen, zu wem die Tochter denn wolle, wenn sie sich trennen. Die Acht-Jährige fleht sie an: „Ihr könnt Euch doch nicht scheiden lassen, ich hab' Euch doch beide lieb. Ich weiß ja nicht, zu wem ich soll."

Viel war dem vorausgegangen. Weil der Vater nicht arbeitete, hatte sich die Mutter eine Stelle als Sekretärin in der großen Fabrik in der Nähe gesucht. Das Kind war da fünf Jahre alt. Die Mutter fuhr in aller Frühe mit dem Zug los, sechs Tage in der Woche. Das Kind litt darunter. Die Mutter schrieb dem Vater später in den Briefen vorwurfsvoll, es habe jeden Tag geweint, wenn die Mutter weg musste. Es war auch nicht mehr rundlich, sondern dünn und durchsichtig. Da schickten sie es lieber erst mit sieben in die Volksschule im Dorf. Schon ein Vierteljahr später wurde das Mädchen in eine andere Schule verpflanzt, in der neu gegründeten Flüchtlingssiedlung, in eine bessere Wohnung ganz in der Nähe des Betriebes, in dem die Mutter arbeitete. Das war nicht so schlimm, nur dass sich die Lehrerin vor der Klasse über die neue Schülerin lustig machte, weil die - wie sie es im Dorf von den Freunden gelernt hatte - bayerisch sprach und alle anderen hochdeutsch redeten, denn dort lebten ausschließlich Flüchtlinge und Vertriebene aus den verschiedensten Gegenden des ehemaligen Deutschen Reiches. Also gewöhnte sie sich den Dialekt ab – und sprach nie wieder bayerisch. Später, im Gymnasium in der Kreisstadt, wurde sie dann deswegen gehänselt.

Dem Kind fehlt das Dorf, der Fluss, an dem es früher gespielt hatte. Es fühlt sich wie auf dem Trockenen in der Flüchtlingssiedlung auf dem Gelände einer früheren „Heeresmunitionsanstalt", der „Muna", in der vorher Giftgas hergestellt worden war. Hier gab es Wohnraum. Zu den Baracken aus der Kriegszeit waren schnell neue Wohnblocks und ein paar Einfamilienhäuser gebaut worden, um die herum später die Nachkriegsstadt wuchs. Am Anfang haben die Eltern dort noch viele Freunde, werden zu Bekannten eingeladen, gehen aus. Wieder so ein Erinnerungsbild: Die Mutter näht sich aus den Schlafzimmervorhängen kurzerhand ein Kleid, damit sie zum Tanzen gehen können. Aber das heitere Leben hält nicht lange an. Der Vater will mit seinen Bewerbungen zu hoch hinaus und scheitert. Es wird nichts mit der Stelle des Polizeipräsidenten einer Großstadt, deren Bewerbung meine große Schwester korrigieren musste. Er legt sich mit allen im Ort an und macht damit auch die sich dort bietenden Berufschancen zunichte. Die Eltern streiten immer öfter, der Vater macht die Mutter bei den Nachbarn schlecht, geht auf den Sohn los, er trägt die Konflikte nach außen. Als meine Mutter einen anderen Mann kennenlernt, prügeln sich die beiden öffentlich auf dem Sportplatz. Der ganze Ort kann beobachten, dass es mit dem Familienleben nicht stimmt. Den Kindern ist das peinlich.

Nach den dauernden Auseinandersetzungen geht der Vater weg, für das Kind ganz unvermittelt. Er sucht sich anderswo Arbeit, in Nordrhein-Westfalen. Er kommt irgendwann noch mal vorbei mit dem Auto, bringt Obst mit von einer Reise nach Italien. Parkt auf der Straße. Will mit der Mutter reden, das Kind soll sie holen. Doch die Mutter will nicht mit ihm sprechen. Das Kind muss ihm die Nachricht überbringen.

Die Psychotherapeutin wird mir später klar machen, was für eine schwierige Rolle das für ein Kind ist: die Türe aufhalten zwischen den Eltern, vermitteln.

Die Tochter schreibt dem Vater liebevolle, sehnsuchtsvolle Briefe - bis er ihr mal ihren eigenen Brief mit Rotstift korrigiert zurückschickt. Von da an muss sie immer erst von der Mutter zum Schreiben ermahnt werden. Das war der erste Bruch im Verhältnis der Tochter zum Vater. Da war sie ungefähr neun. Seine Briefe wird sie von diesem Zeitpunkt an nicht mehr gerne lesen. Als ich in der Therapie einmal untröstlich bin, weil ich mich allein und verlassen fühle, wird die Ärztin sagen: Jeder Mensch ist allein. Als Erwachsene kann man damit leben.

Die Mutter arbeitet, die drei großen Geschwister beginnen alle gleichzeitig eine Ausbildung. Die Jüngste ist jetzt das, was man damals „Schlüsselkind" nennt; in den 50iger Jahren eher ungewöhnlich, da blieben die Frauen noch zuhause bei den Kindern.

Keiner erwartet das Kind nach der Schule mittags zum Essen. Schon die 9-Jährige wärmt sich etwas vom Vortag auf, immer öfter braut sie sich selbst irgendwas zusammen. Sie bekommt Magenschmerzen, Kopfschmerzen wie bei einer Migräne. Da ist sie zehn. Damit sie nicht so allein ist und damit sie die Prüfung für das Gymnasium schafft, bringt sie die Mutter in einem Schülerinnenheim in der Kreisstadt unter.

Die große Schwester war gern dort gewesen, für sie war das Heim der Fluchtpunkt, nachdem der Vater einmal auf sie los gegangen. Als sie nicht gleich die Blumen gießen wollte, wie er es verlangte, schlug er sie das erste und einzige Mal, so dass sie Angst bekam, er würde sie zu Tode prügeln. Sie stieg aus dem Fenster und suchte Zuflucht bei einer Freundin, bis die Mutter Arbeitsschluss hatte. Von da an vermied sie es, mit ihm allein zu sein, bis sie ins Heim zog. Mit 16 Jahren hat die älteste Tochter mit dem Vater gebrochen, 26 Jahre wird sie ihn nicht mehr sehen.

Als später die kleine Jüngste mit 10 Jahren auch ins Heim kommt, fühlt die sich nicht beschützt, sondern abgeschoben. Sie isst nicht, sie weint in der Schule, sie weint im Heim. Es ist für sie eine schreckliche Zeit. Sie will nach Hause. Die Fotos zeigen jetzt ein großes Mädchen mit ernstem Gesicht ... Die Aufnahmeprüfung ins Gymnasium schafft sie dennoch. Dann ertrotzt sie sich, dass sie nach einem halben Jahr wieder nach Hause darf.

Irgendwann kam die Scheidung. Da war das Mädchen elf Jahre alt. Der Vater kämpft mit allen Tricks, will der Mutter die Kinder nur überlassen, wenn sie die Schuld für das Scheitern der Ehe übernimmt. Da ist er fein raus. Nach dem damals geltenden Scheidungsrecht, das auf dem Schuldprinzip beruht, muss er nämlich nicht für sie, sondern nur für die Kinder zahlen. Eigentlich nur für die Kleinste, denn die Großen bekommen Ausbildungsbeihilfe. Die Mutter akzeptiert alles, weil sie verhindern will, dass die Kinder zum Vater kommen. Glücklicherweise, sage ich, als ich erwachsen werde. In ihrem Nachlass finde ich später ein Dokument, in dem festgelegt ist, dass sogar die wenigen einfachen Nachkriegsmöbel nicht der Mutter, sondern den Kindern zustehen. Die Mutter hat auch einige Briefe aufgehoben, in denen der Vater sich rühmt, wie viel er für seine Kinder getan habe. Was müssen solche Briefe, die jeglicher Realität entbehren, mit meiner Mutter gemacht haben, die sich für ihre Kinder aufgeopfert hat?

Der Vater, an dem das Kind so gehangen hatte, ist aus seinem Leben verschwunden, ohne Abschied. Es fühlt sich im Stich gelassen. Die Fotos aus den kommenden Jahren zeigen ein selbstverlorenes, trauriges junges Mädchen. Während andere Kinder Schule blöd finden, rettet es sich von da an mit Leistung vor den Schwierigkeiten des Lebens.

Schritte der Emanzipation

Mittlere Reife ist für das Mädchen vorgesehen, dann Berufsausbildung. Doch die Noten sind gut. Es kämpft darum, dass es auf der Schule bleiben kann. Die Mutter nimmt einen Rechtsanwalt, um den Vater, der inzwischen eine neue Frau und einen kleinen Sohn hat, zu verpflichten, dass er weiter Unterhalt zahlt und die Tochter Abitur machen kann. 100 Mark Unterhalt im Monat werden es über die ganzen Jahre sein. Und manchmal ein Schein im Umschlag, wenn sie dem Vater brav einen Brief schreibt oder Geburtstag hat.

Als das Mädchen zu studieren beginnt, fangen die Schwierigkeiten erneut an. Der Vater weigert sich, seine Einkommensverhältnisse offenzulegen, wie es der Stipendiumsantrag verlangt. Die Tochter kommt gerade noch darum herum, gegen ihn zu klagen, weil er schließlich gegenüber dem Studentenwerk doch noch irgendwelche Angaben macht. Sie studiert also, sie bekommt schließlich sogar ein Stipendium, um Ihre Doktorarbeit zu schreiben.

Die Auseinandersetzungen um die Ausbildung bleiben ein Stachel im Fleisch. Wenn er sie später stolz als Frau Doktor seinen Bekannten vorstellt, dann denkt sie voll Groll zurück an die harte Zeit des Studiums, als sie manchmal nicht wusste, wie sie das Untermietzimmer bezahlen sollte. Nach dem Tod des Vaters, stellt sich heraus, dass er in dieser Zeit viel Geld verdient haben muss. Und später noch mehr, aber er hat auch beim Erbe die Kinder noch ausgetrickst.

Die Enttäuschung der Mutter über den Mann, der nicht für die Familie sorgt, ihr Frust über sein impulsives, gleichzeitig berechnendes Verhalten und seine Rücksichtslosigkeit – das alles schlägt sich darin nieder, dass in der Familie die Spuren des Vaters nach und nach getilgt werden. Sie äußert sich aber auch in Sätzen wie: „Alle Männer sind schlecht. Sie wollen nur das Eine", die für ein heranwachsendes Mädchen nicht gerade hilfreich sind. Das schafft Abstand zum Vater, macht schließlich aber auch eine Distanzierung von der Mutter notwendig. Sie, die noch immer in der Kleinstadt lebt, achtet darauf, dass die Konventionen eingehalten werden. „Das macht man nicht." „Was sollen denn die Leute sagen?", das sind Sätze, die die Gymnasiastin und Studentin, die sich nach und nach vom Mief der Provinz entfernt und befreit, nicht gerne hört. Sie erzählt auch der Mutter möglichst wenig von ihrem Leben in der Großstadt, denn sie hat Angst vor Kommentaren und vor Einmischung.

Das Stipendium reicht nicht. Sie jobbt vom ersten Semester an, um irgendwie durchzukommen. Sie trifft den Vater im Abstand von Jahren, wenn er auf der Durchreise ist. Sie ärgert sich über seine Briefe, in denen er sie ermahnt, sich „nicht mit Gammlern einzulassen und sich von Bummelstudenten und linken Revoluzzern fernzuhalten". Sie erkundet die eine oder andere linke Studentengruppierung, die sich zunächst auf theoretischer Ebene mit dem bisher so verpönten Marxismus beschäftigen und alternative Seminare in Eigenregie betreiben. Als ihre Kommilitonen kindisch stolz sind auf die Besetzung des Ordinariats, dessen Tür sie eingetreten haben, ist sie keineswegs beeindruckt, sondern konsterniert und fragt nüchtern, was das denn bringen solle. Als immer mehr Studenten in Aktionismus abgleiten, geht sie auf Distanz.

Im Nachhinein war sie froh über ihr Urteilsvermögen. An diesem Scheideweg haben einige ihrer Bekannten der

Uni den Rücken gekehrt. Die einen sind „in die Produktion" gegangen, um die Arbeiter zu politisieren, andere aus ihrem unmittelbaren Umfeld endeten im Terrorismus. Es waren nicht die warnenden Worte des Vaters, die sie Abstand zur linken Szene nehmen ließen. Es waren eher Realismus und rationale Überlegungen, die ihr Halt gaben. Die politischen Ansichten des Vaters, den sie reaktionär fand, haben sie abgeschreckt, damit wollte sie nichts zu tun haben.

Sie will auch nicht, dass er sich in ihr Leben einmischt, von dem er nichts weiß. Sie ist empört, wenn er das tut. Er fordert sie auf, sie solle schnell mit dem Studium fertig werden – und dann am besten einen Mann aus der Wirtschaft heiraten. Auf die Heiratsanzeige aus der Zeitung, die er ihr schickt, reagiert sie nicht. Als die zweite Ehe des Vaters geschieden wird, schreibt er ihr, sie möge ihre Mutter ermahnen, gegenüber Verwandten seiner Frau nichts von seiner politischen Vergangenheit zu erzählen, denn die werde das im Scheidungsverfahren gegen ihn verwenden. Was hatte er zu verbergen?

Sie stellt sich taub, als er möchte, dass sie Erkundigungen über eine Frau einholt, für die er sich offensichtlich interessiert. Für ihn scheint so etwas normal zu sein. Er hat der eigenen Tochter nachspioniert, denn er nennt ihr den Namen des damaligen Freundes, den sie ihm bewusst nicht verraten hatte.

Sie ignoriert seine Ausfälle und Aufträge, sie reagiert nicht darauf und denkt sich, wie gut es ist, dass der Vater rechtzeitig aus ihrem Leben verschwunden ist, sonst hätte es vermutlich Konflikte gegeben. Sie legt seine Briefe weg, die von Selbstgerechtigkeit und Selbstmitleid strotzen. Nach außen bleibt sie höflich, innerlich aber hat sie den Bruch wieder und wieder erneuert.

Das Bild vom liebevollen Vater, der ihr die Welt erklärt, der ihr als kleines Kind Geborgenheit gegeben hatte, ist früh zerbrochen. Der große Kommunikator hat nicht gehalten, was er versprochen hat, nicht der Mutter gegenüber, nicht den Kindern gegenüber. Seine Behauptungen, er habe doch immer alles für die Kinder getan, hatten mit der Wirklichkeit wenig zu tun. Der Kindervater war wunderbar gewesen, schön, voller Wärme, liebevoll. Als sie älter wurde und selbst zu denken gelernt hatte, hielt der Vater den Ansprüchen der Tochter nicht stand. Diese Vaterfigur, dieses ambivalente Männerbild, hat ihr ganzes Leben geprägt. Sie hat es jahrzehntelang mit sich rumgeschleppt, es hat die Wahl ihrer Partner bestimmt. Unbewusst suchte sie in ihnen etwas von dem schillernden, vermeintlich starken Vater. Sie lässt sich beeindrucken von Männern, die sie erobern, sich aber nicht binden wollen oder können. Auch wenn sie begriffen hat, dass sie nicht die einzige ist, kommt sie nicht los, denn sie traut ihrer Anziehungskraft nicht und hat Angst, verlassen zu werden wie einst das Kind.

Eine Journalistin, die nicht fragt

Sie hat sich durchgekämpft. Hat sich durchgesetzt, hat Abitur gemacht, schließt ihr Studium ab. Wird Journalistin. Leistung ist das, was von Kind auf für sie zählt und was ihr Sicherheit gibt. Zur Familie hat sie Distanz geschaffen. Das Verhältnis zum Vater ist kühl, sie hat die Kontakte auf das Mindestmaß reduziert. Gespräche über heikle Themen meidet sie, und heikel ist eigentlich alles, was mit Nähe zu tun hat.

Sie hat sich zufrieden gegeben mit der Aussage der Mutter, er sei kein Nazi gewesen – nicht weil das bequem war, sondern weil sie Vertrauen zur Mutter hatte, die aufrecht durchs Leben gegangen und ihr ein Vorbild gewesen war. Aber sie hätte schließlich weiter fragen können...

Auch die Beziehung zur Mutter war nicht einfach gewesen.

Die Mutter trauert zeitlebens ihrer verlorenen Heimat Dresden nach, sie leidet darunter, dass sie von ihrer Großfamilie in der DDR abgehängt war. Sie erzählt immer dieselben Geschichten von der Flucht, mit drei kleinen Kindern, im letzten Zug von Kommotau nach Dresden, vom schweren Überleben als Trümmerfrau. Bis zuletzt kann sie Feuerwerk nicht ertragen, weil es sie an die Bombennächte erinnert.

Die Tochter hat weg gehört, wenn die Mutter von Krieg und Flucht geredet hat, weil es immer dieselben bedrückenden Geschichten waren.

Nach dem Krieg war es die Mutter gewesen, die das Geld verdienen musste, obwohl sie nicht gesund war, denn dem Vater war keine Arbeit recht. Die Tochter erinnert sich an die vielen Nächte, in denen die Kinder einen

Arzt zu holen versuchten, weil sie einen Herzanfall hatte. Trotzdem hat sie es geschafft, ihre vier Kinder allein groß zu ziehen, hat für sie gesorgt, hat allen eine gute Ausbildung ermöglicht, hat sie zu ehrlichen, geradlinigen Menschen mit hohen ethischen Ansprüchen gemacht. Sie hat sie auf den Weg gebracht zu Literatur, Musik, Politik.

Dennoch entzog sich die Tochter der Mutter, musste sich entziehen, weil sie nicht depressiv werden wollte wie sie. Nicht noch depressiver... Immer hatte sie der Mutter gegenüber ein schlechtes Gewissen, die doch alles für ihre Kinder tat. Sie hat ihr die Anerkennung dafür versagt, dass sie das alles geschafft hat. Sie hat ihr die Kommunikation verweigert.

Heutzutage tut mir das leid. Heute weiß ich, dass die Mutter traumatisiert war und Hilfe gebraucht hätte. Nichts hören, nichts sagen, nichts fragen. Es ging nicht darum, dass ich mich nicht getraut hätte, ein Tabu zu brechen. Das - auf unterschiedliche Art - schwierige Verhältnis zu meinen Eltern ließ eine offene Kommunikation einfach nicht zu. Ich habe den Vater nicht oft gesehen und ich habe ihm nicht vertraut. Ich wollte keine politischen Gespräche mit ihm führen, ich wollte auch nichts hören von den gebetsmühlenartig wiederholten schlimmen Erlebnissen meiner traumatisierten Mutter. Deshalb habe ich nie erfahren, was die Eltern in der NS-Zeit gemacht haben.

Wenn ich mit Bekannten aus meiner Generation über meine Recherchen spreche, dann stoße ich immer wieder auf ähnliche Reaktionen. Fast alle erzählen, dass in der Familie nicht über die Zeit des sogenannten „Dritten Reiches" geredet wurde, und wenn, dann nur sehr einsilbig. „Mein Vater war als Soldat beim Aufstand in Warschau.

Er hat nur gesagt, dass es hart war." „Mein Vater hat nach dem Waffenstillstand noch einen Soldaten der Alliierten erschossen. Mehr weiß ich darüber nicht." Viele beklagen, die Eltern nicht rechtzeitig nach ihrer Vergangenheit gefragt zu haben. Es herrschte Sprachlosigkeit zwischen der Generation der Eltern und der der Kinder. Und was haben wir Nachkriegskinder in der Schule über die Nazi-Zeit erfahren? „Da hat die Geschichte vorher aufgehört", sagt der eine. „Den Kriegsverlauf vielleicht", sagt der andere. „Es war bei uns kein Thema." Ich jedenfalls war nie mit der Schule in der Gedenkstätte des KZ Dachau. Es wäre möglich gewesen. Als sie 1965 eröffnet wurde, absolvierte ich die 11. Klasse.

Mein Vater war weg, als ich zu denken anfing. Als ich erwachsen wurde, habe ich keine Nähe zu ihm gewollt, ich habe ihn auch nicht als ernsthaften Gesprächspartner akzeptiert. Er hat nie etwas Zusammenhängendes über sich erzählt, die Anekdoten oder Geschichten, die in der Mitte anfingen, habe ich meistens nicht verstanden. Sie haben mich auch nicht interessiert. Auch später hat er sich über seine Nazi-Zeit in Schweigen gehüllt, nicht einmal Spuren in die Vergangenheit hat er gelegt. Jetzt ist es zu spät. Jetzt bleiben nur die Archive. Aber bei dieser Recherche können natürlich auch weniger Emotionen aufbrechen als in einem Dialog...

„Ein Nazi war er nicht", hatte die Mutter über den Vater gesagt. Und die Tochter hatte ihr blindlings geglaubt, denn die Mutter hatte sie nie belogen, ihr nie etwas vorgemacht. Doch die Mutter hätte es eigentlich besser wissen müssen. Die beiden hatten sich im Polizeipräsidium Dresden kennen gelernt, in dem sie als Sekretärin arbeitete. Zum Jahreswechsel 38/39 hatten sie geheiratet, sie ist ihm nach Ostpreußen und ins Sudetenland gefolgt. Sie war im BdM, dem „Bund deutscher Mädchen". Mehr wohl nicht, so hatte ich gedacht und nicht nachgefragt. Sie hatte manchmal von der Angst erzählt, wenn nachts irgendwelche geheimnisvollen unbekannten Männer aufgetaucht seien. Sie hatte für meinen Vater Berichte getippt. Hat sie sich selbst belogen? Hat sie es verdrängt? Woran hat sie sich erinnert? Was ist in ihrem Kopf vor sich gegangen bei meiner Frage? Ein Nazi war er nicht, war ihre Antwort gewesen. Sie hatte nicht gesagt: „Er war kein Nazi." Eine Frage der Betonung? Meinte sie vielleicht, er sei kein überzeugter Nazi gewesen? War alles nicht so eindeutig? Die Unterlagen, die ich 1997 aus dem Bundesarchiv bekomme, sprechen jedenfalls eine klare Sprache. Der handgeschriebene Lebenslauf aus dem Jahr 1940 beweist eindeutig, dass ihr Mann ein Nazi war.

Mein Vater – ein Nazi

Zu den Akten, die ich 1997 vom Bundesarchiv in Berlin bekommen hatte, gehört ein Schriftwechsel, der beweist, dass mein Vater einiges daran gesetzt hatte, zu den ganz frühen NSDAP-Mitgliedern zu gehören. Er hat versucht, seinen Beitritt auf das Jahr 1931 vorzudatieren, doch die Partei lehnte ab: *„Richard Montag hat seine Aufnahmeerklärung zur NSDAP am 6. Februar 1932 ausgefüllt. Dieser Aufnahmeschein wurde der Reichsleitung im März 1932 vorgelegt, weshalb der Genannte auch mit Wirkung vom 1. März 1932 unter der Mitglieds-Nr.1 005 525 in die NSDAP aufgenommen wurde."* Da war mein Vater 20 Jahre alt.

Dann folgte ab 1933 eine Laufbahn in der SA, in der er es zum Obertruppführer brachte. Ab Oktober 33 war er nach eigenen Angaben beim Feldjägerkorps in Sachsen, von dort wurde er im April 1936 zur Schutzpolizei übernommen und am 12. Oktober 1936 zur Gestapo versetzt.

Ich hatte diese Angaben aus dem handgeschriebenen Lebenslauf meines Vaters zunächst einfach zur Kenntnis genommen als nicht ganz untypischen Werdegang eines jungen Mannes Anfang der 30iger Jahre. Ich wusste von den Saalschlachten und den Gewalttaten der SA. Was ein „Feldjägerkorps" war, sagte mir nichts. Mich interessierten die späteren Abschnitte seiner Vita mehr, denn da gab es viele Unbekannte. Erst nach eingehender Beschäftigung wurde mir später klar, dass in dieser frühen Phase die Weichen gestellt wurden für seine gesamte Karriere in der NS-Zeit.

Auf der Suche nach Informationen über die Feldjägerkorps werde ich im Verlauf meiner Recherchen auf den erst 2011 eingerichteten Gedenkort General-Pape-Straße in Berlin stoßen. Dort begreife ich, welche Rolle die SA-Trupps und die Feldjägerkorps beim Aufstieg der Nazis gespielt haben. Die SA-Kommandos prügelten und verfolgten schon vor 1933 politisch Andersdenkende und Juden. Sie machten Hatz auf Kommunisten und Sozialdemokraten. Die Feldjägerkorps Berlin und Sachsen taten sich durch besondere Gewalttätigkeit hervor. Im SA-Gefängnis Papestraße zum Beispiel waren mindestens 500 Regimegegner inhaftiert. Heute gilt es als eines der ersten Konzentrationslager, 25 sind inzwischen bekannt. Die SA maßte sich Polizeifunktionen an, arbeitete aber auch mit der Gestapo zusammen. Nach dem Willen von Ernst Röhm, ab 1930 Chef der SA, hätten die Feldjägerkorps die Polizei ersetzen sollen. Doch Hitler entmachtete die SA, Röhm und andere SA-Führer wurden ermordet. 1935/1936 wurden SA und Feldjäger der Schutzpolizei und zum Teil der Gestapo eingegliedert.

Die Angaben meines Vaters passen mit den historischen Fakten zusammen. So ist er also zur Polizei gekommen. War seine Betätigung bei SA und Feldjägern der Ausgangspunkt für die Auseinandersetzungen mit seinem Vater, dem Sozialdemokraten? Es muss wohl so gewesen sein.

In einer schriftlichen Stellungnahme im Rahmen der Entnazifizierung wird mein Vater nach dem Krieg schreiben, dass er schon 1936 bei der Auflösung des Feldjägerkorps Chemnitz versucht habe, seine Entlassung von der Polizei zu erreichen. Dies sei abgelehnt worden, er sei zur Kriminalpolizei abgeordnet worden. Auch gegen seine Versetzung zur Gestapo will er sich gewehrt haben, es habe schon während der Ausbildung wiederholt Konflikte gegeben. Ob das der Wahrheit entspricht? Später werde ich herausfinden, dass er zwischen 1932 und 1934 arbeitslos war. Da war er Anfang 20. Viele junge Männer zog es damals mangels Perspektive zur SA, die ihnen eine Heimat bot, ihrer Männlichkeit schmeichelte und ihnen

Stärke zu verleihen schien. Hatte er wirklich eine Alternative zu einer Laufbahn bei der Polizei? Er hatte wohl keine richtige Ausbildung, er wollte raus aus der Provinz, er war intelligent, er war abenteuerlustig, er wollte aufsteigen. Warum sollte er da nicht zur Polizei gehen? Aber vielleicht war die Abwehr, der Geheimdienst, der gerade bei der Wehrmacht aufgebaut wurde, viel interessanter....

In der Schule müssen die Kinder in einer bestimmten Jahrgangsstufe lernen, wie man einen Lebenslauf schreibt. In der 3. oder 4. Klasse Volksschule sollte ich das am Beispiel des Vaters üben. Geburtsdatum, Geburtsort, Schulbildung, Beruf und andere simple biografische Angaben. Ich fragte also zuhause nach. Geboren 29. 1. 1912, in Weigsdorf, einem Dorf in der Oberlausitz. Dass er als uneheliches Kind zunächst bei der Tante aufwuchs, sollte ich erst später erfahren... Da mein Vater Anfang der 50iger Jahre nur gelegentlich arbeitete, hatte ich keine Ahnung, was er von Beruf sein sollte. „Kaufmännischer Angestellter" sollte ich schreiben, sagte meine Mutter - und so schrieb ich es. Dann fragte mich ein Mitschüler, was denn ein kaufmännischer Angestellter so mache. Und ich war ratlos...

Seit dem Fund im Bundesarchiv wusste ich es besser. Mein Vater hat die Handelsschule besucht, dann kurz im Steinmetz-Betrieb seines Vaters gearbeitet, die längste Zeit aber war er bei SA, Polizei, Gestapo und Abwehr gewesen. Doch Polizist, noch dazu bei der Gestapo, war kein Beruf, zu dem man sich in der Nachkriegszeit bekennen wollte. Da hätte es Nachfragen geben können. Da hätte etwas rauskommen können. Vielleicht das, was mein Vater vor der Rentenversicherung zu verbergen suchte, weil er Angst hatte, dass ihm die Rente gekürzt würde? Die Gespräche darüber hatte ich schon als ganz kleines Kind mitbekommen.

Der Lebenslauf von 1940 enthält viele Zeitangaben, manchmal sind sie auf den Tag genau, manchmal seltsam unpräzise. Es scheint, als würde mein Vater mit den Daten jonglieren. Waren die Andeutungen damals für aufmerksame Leser einzuordnen, bleibt er an gewissen Stellen bewusst vage ? Ich versuche, anhand seiner Angaben, seine Biographie zu rekonstruieren und einzuordnen, welche Rolle er in der NS-Zeit gespielt hat.

Den einen Zeitraum gibt er präzise an: *„19.9.38 -16.10. 38 beim Generalkommando IV, A.K. Abtlg. 1 c".* Dieser Zeitraum ist historisch bedeutsam. Am 30. September wurde das Münchner Abkommen geschlossen, das den Weg für den sogenannten „Anschluss des Sudetenlandes" bereitete. Schon am 1. Oktober 1938 marschierten deutsche Truppen dort ein. Deutsche Geheimdienstagenten hatten im Vorfeld alles vorbereitet, sie hatten sich der Unterstützung von rechtsradikalen Sudetendeutschen versichert, Listen von politischen Gegnern angelegt. Sofort begannen „Säuberungsaktionen", Vertreibungen und Ausweisungen mit dem Ziel der „Germanisierung" der Region. Zuständig für die Tschechoslowakei und das Sudetenland war die Abwehrstelle IV Dresden, die dem Generalkommando IV der Wehrmacht zugeordnet war.

Um diese Zeit war mein Vater in Dresden beim Armeekorps bei ebendiesem Generalkommando IV. Der mit diesen so präzisen Daten gegebene dezente Hinweis auf seine Beteiligung beim „Anschluss des Sudetenlandes" scheint bewusst gesetzt zu sein – nach dem Motto: Wer lesen kann, der lese.

Fachleute wissen, was sich hinter einer Abteilung 1 c verbirgt. Ich muss mich erst kundig machen. Die Position des 1c-Offiziers wurde zunächst bei der Abwehr, dem Geheimdienst der Wehrmacht, innerhalb der Generalstäbe geschaffen, um Feindaufklärung und Auslandsspionage zu betreiben. Dazu gehören die Nachrichtenbeschaffung auch mit verdeckten, nachrichtendienstlichen Mitteln, Spionage, Gegenspionage, Spionageabwehr. Meinem jüngsten Bruder aus zweiter Ehe hat mein Vater abenteuerliche Geschichten über solche Einsätze erzählt, als er klein war. Er kann sich dunkel erinnern, dass der Vater zu tun hatte mit der Vorbereitung des Einmarsches im Sudetenland, mit Industriespionage und der Verhinderung von Sabotageakten. Mein Vater war also ein Agent des Geheimdiensts, agiert hat er 1938 noch von Dresden aus. Als ich wieder einmal mein altes Fotoalbum durchblättere, finde ich ein Foto, das meine Eltern vor einem schicken Kabrio zeigt, auf dem Nummernschild zu entziffern: 1c. Wann und wo es aufgenommen wurde, kann ich nicht feststellen, im Sudetenland oder später in Ostpreußen an den Masurischen Seen?

In seinem Lebenslauf aus dem Jahr 1940 umschreibt mein Vater kursorisch und hier sehr unpräzise einen anderen Zeitraum: *„Vom 1. 7. 38 – 1.4. 40 war ich bei verschiedenen Abwehrstellen tätig und habe an dem Einmarsch in das Sudetenland, an der Besetzung des Protektorats und am Feldzug in Polen aktiv teilgenommen. Am 1. 4. 40 erfolgte auf eigenen Wunsch meine erneute Einberufung zur Geh. Staatspolizei, Staatspolizeileitstelle Reichenberg, wo ich mich auch jetzt noch befinde."* Er hat also nicht nur beim „Anschluss des Sudetenlandes" mitgemacht, sondern auch bei der Besetzung der Tschechoslowakei und dem Überfall auf Polen.

Am 15. März 1939, nicht mal ein halbes Jahr, nachdem sich die Deutschen das Sudetenland einverleibt hatten, drang die deutsche Wehrmacht in die sogenannte „Rest-Tschechei" ein. Zu dieser Zeit lebten meine Eltern – wie meine Recherche erst später ergeben wird – in Böhmisch-Leipa im Sudetenland (heute: Ceska Lipa). Von dort aus war mein Vater weiterhin für die Abwehrstelle IV Dresden tätig, die nach dem Sudetenland auch die Besetzung der Tschechoslowakei vorbereitet hatte. Wie ich einem privaten Brief entnehme, traf er zusammen mit seiner Frau seinen Schwager „in seiner provisorischen Dienststelle" in Prag - genau am Tag des deutschen Einmarsches . Ein vergilbtes Foto zeigt den Besuch scheinbar entspannt beim Stadtbummel.

Anhand der kargen Angaben in seinem frühen Lebenslauf kann ich nachvollziehen, wie früh und wie tief mein Vater ins Dritte Reich verstrickt war: frühes Parteimitglied, SA, Polizei, Gestapo, Abwehr. Die Stationen: Dresden, Sudetenland, Ostpreußen. Doch die Biographie meines Vaters, die sich anhand der Funde aus dem Bundesarchiv rekonstruieren lässt, bleibt lückenhaft. Zum Decknamen „Peters", der in unserer Familie kursierte und unter dem ich bei meiner ersten Anfrage in Berlin Spuren meines Vaters zu entdecken hoffte, war 1997 nichts gefunden worden. Von der Außenstelle Ludwigsburg des Bundesarchivs, der früheren Zentralstelle zur Aufklärung nationalsozialistischer Verbrechen, werde ich im Jahr 2000 die Auskunft bekommen, dass in der Zentralstelle.....*"nur eine Anfrage Ihres Vaters an das Bundesarchiv betr. Angaben zu seiner Dienstzeit bis 1945 nachgewiesen ist, die von der Zentralen Stelle seinerzeit wohl negativ beantwortet wurde. Zum Namen „Peters" bzw."Dr. Peters" gibt es zahlreiche Eintragungen, jedoch ohne Vornamen bzw. Geburtsdaten, so daß eine Feststellung der Identität nur schwer möglich ist."* Wieso hat mein Vater selbst dort angefragt? Wann? Was wollte er wissen? Auch bei weiteren Nachfragen werde ich nicht mehr herausbekommen. Auf den Decknamen „Peters" werde ich aber Jahre später tatsächlich stoßen. In Jugoslawien.

Schwägerin und Schwager in Prag. Das Foto ist datiert auf den 15. März 1939, den Tag, an dem die deutsche Wehrmacht einmarschierte.

Literatur:
Pahl, Magnus: Fremde Heere Ost. Hitlers militärische Feindaufklärung, Berlin 2012
von Goetz, Irene/Zwaka, Petra (Hg.): SA-Gefängnis Papestraße. Ein frühes Konzentrationslager, Berlin 2013

Das erste Bild in Uniform: Richard Montag

Rechts: Aus einem Fragebogen des Rasse- und Siedlungsamtes aus dem Jahr 1940. Der Nachweis einer arischen Herkunft war Vorraussetzung für eine Bewerbung bei der Gestapo.

Raum zum Aufkleben der Lichtbilder.

Dr. Werner Best,
(22 a) Mülheim/Ruhr,
Leonhard-Stinnes-Str. 52

Mülheim/Ruhr, den 7. April 1959

vgl. 30.9.65

Bestätigung

Ich - Dr.jur. Werner Best, geb. am 10. 7. 1903 in Darmstadt,
wohnhaft in Mülheim/Ruhr, Leonhard-Stinnes-Str. 52 -
erkläre im Bewußtsein der Strafbarkeit falscher eidesstattlicher
Erklärungen das Folgende an Eides Statt:

Von Januar 1935 bis Mai 1940 bin ich - zuletzt als Ministerialdirektor - Leiter der Abt. I Verwaltung und Recht des Geheimen
Staatspolizeiamtes in Berlin (bis Juni 1936) und dann des
Amtes Verwaltung und Recht des Hauptamtes Sicherheitspolizei
im Reichsministerium des Innern gewesen. Neben dieser Tätigkeit
als Verwaltungschef der Sicherheitspolizei habe ich bis zu
meinem Ausscheiden aus dieser Stellung - Ende Mai 1940 -
kommissarisch die Abt. III Abwehrpolizei des Geheimen Staatspolizeiamtes in Berlin geleitet.

Aus dieser Tätigkeit ist mir Herr Kriminalrat a.... Richard
Montag, geb. am 19. 1. 1912 in Weigsdorf, Kr. Löbau/Sachsen,
jetzt in Krefeld, Driessendorfer Str. 50 wohnhaft, persönlich
bekannt.
Ich kann deshalb bestätigen, daß Herr Montag als Kriminalbeamter
des leitenden Dienstes die Spezialausbildung bei Abwehrpolizei
erhalten hat und während seiner gesamten Tätigkeit im Staatsdienst als Beamter der Abwehrpolizei tätig gewesen ist.

Die Aufgaben der Abwehrpolizei bestanden in der kriminalistischen
Aufklärung von Landesverrats-Delikten und in vorbeugenden
Maßnahmen gegen den Landesverrat - z. B. auf dem Gebiete
der Industriesicherung. Auf dem Gebiete der Industriesicherung ist Herr Montag längere Zeit tätig gewesen.

Aus Gesprächen, welche ich in neuerer Zeit mit Herrn Montag geführt habe, habe ich entnommen, daß er sich auch
jetzt wieder mit dem Aufbau der Industrie-Sicherung befaßt
und daß er hierbei .... seiner
früheren Dienststelle in einer Weise verwertet, die ich als
früherer Leiter der abwehrpolizeilichen Zentrale als richtig
ansehe.

Dr. Werner Best.

- 52 -

Ein verräterisches Empfehlungsschreiben

Lange habe ich den handschriftlichen Lebenslauf meines Vaters, der im April 1940 endet, unbeachtet liegengelassen. Ich hatte gehofft, vom Bundesarchiv mehr und aussagekräftigere Informationen zu bekommen, so dass ich mir ein Bild machen könnte über seine Rolle in der NS-Zeit. Doch so einfach würde es offensichtlich nicht werden. Mein Impetus erlahmte. Aber nach einer Pause packte mich wieder die Neugier. Wie mag es nach 1940 weiter gegangen sein? Ich kannte nur wenige Bruchstücke seines Werdegangs. Er muss doch später für seine Bewerbungen einen Lebenslauf geschrieben haben...

Im August 1999 wende ich mich an die Versicherung, für die er seit Anfang der 60iger Jahre gearbeitet hatte, mit der Bitte um einen Lebenslauf. Postwendend bekomme ich einen dicken Brief zugeschickt. Erstaunlicherweise gibt es in seinen Personalakten aber weder einen Lebenslauf noch Schulzeugnisse. Vor mir liegen nur sein Bewerbungsschreiben vom Februar 1962 (mit falschen Angaben über seine berufliche Laufbahn), ein Lichtbild, das ich kenne, ein Zwischenzeugnis, das ihm bescheinigt, wie kontaktfreudig er war, und ein Empfehlungsschreiben vom 7. April 1959, das offensichtlich ausschlaggebend für seine Einstellung war.

Ein paar Tage, nachdem ich die Unterlagen bekommen hatte, lese ich im Nachrichtenmagazin ‚Der Spiegel' vom 23. 8. 1999 unter der Überschrift „ Kritik an Lambsdorff" einen kurzen Artikel über die Entschädigung von Zwangsarbeitern, mit der es nicht vorangehe. Darin heißt es, Lambsdorff habe sich in den Jahren 52/53 „zum politischen Helfershelfer von Nazi-Kriegsverbrechern gemacht". Lambsdorff sei damals mit dem hohen SS-Offizier Werner Best aufgetreten und habe eine Amnestie für NS-Kriegsverbrecher verlangt (was Lambsdorff dementiert habe). Der Name „Werner Best" kommt mir irgendwie bekannt vor. Ich suche die Personalpapiere meines Vaters heraus, die ich von seiner Firma erhalten hatte. Das Empfehlungsschreiben, mit dem er sich bei der Versicherung in Nordrhein-Westfalen beworben hatte, stammt von - Dr. Werner Best!

„Von Januar 1935 bis Mai 1940 bin ich - zuletzt als Ministerialdirektor – Leiter der Abt. I Verwaltung und Recht des Geheimen Staatspolizeiamtes in Berlin (bis Juni 1936) und dann des Amtes Verwaltung und Recht des Hauptamtes Sicherheitspolizei im Reichsministerium des Inneren gewesen. Neben dieser Tätigkeit als Verwaltungschef der Sicherheitspolizei habe ich bis zu meinem Ausscheiden aus dieser Stellung – Ende Mai 1940 – kommissarisch die Abt. III Abwehrpolizei des Geheimen Staatspolizeiamtes Berlin geleitet. Aus dieser Tätigkeit ist mir Herr Kriminalrat a.D. ... persönlich bekannt. Ich kann deshalb bestätigen, dass Herr Montag als Kriminalbeamter des leitenden Dienstes die Spezialausbildung der Abwehrpolizei erhalten hat und während seiner gesamten Tätigkeit im Staatsdienst als Beamter der Abwehrpolizei tätig gewesen ist. Die Aufgaben der Abwehrpolizei bestanden in der kriminalistischen Aufklärung von Landesverrats-Delikten und in vorbeugenden Maßnahmen gegen Landesverrat – z. B. auf dem Gebiete der Industriesicherung. Auf dem Gebiete der Industriesicherung ist Herr Montag längere Zeit tätig gewesen. Aus Gesprächen, welche ich in neuerer Zeit mit Herrn

*Montag geführt habe, habe ich entnommen, daß er
sich auch jetzt wieder mit dem Aufbau der Industrie-
sicherung befaßt und daß er hierbei seine reichen Erfahrungen aus seiner früheren Dienstzeit in einer
Weise verwertet, die ich als früherer Leiter der abwehrpolizeilichen Zentrale als richtig ansehe.*"

Ich bin schockiert: Ein hoher Gestapo-Mann hat sich
nach dem Krieg für meinen Vater eingesetzt und ihm damit einen Job verschafft. Ich gebe im Zeitungsarchiv den
Namen Werner Best ein und stelle fest, dass dieser „hohe
SS-Offizier" eine herausragende Position im NS-Staat
hatte. Er war zeitweise der drittmächtigste Mann hinter
Heinrich Himmler, dem Reichsführer der SS und Polizeichef; und Reinhard Heydrich, dem Chef der Sicherheitspolizei und des SD. Dieser Sicherheitsdienst der SS,
der begonnen hatte als parteiinterner Nachrichtendienst
der NSDAP, wurde dem 1939 gegründeten Reichssicherheitshauptamt unterstellt. Personalchef dort wurde Dr.
Werner Best, der sich daran machte, den Nazi-Terror zu
organisieren.

Hintergrund: Dr. Werner Best

Das Buch, das mir die Einordnung der Person des Dr.
Werner Best ermöglicht, ist 1995 erschienen. Auf fast
700 Seiten zeichnet der Historiker Ulrich Herbert ein
umfassendes Bild dieses Mannes. Er untersucht dessen
Rolle in der NS-Zeit und beleuchtet seine Karriere im
Nachkriegsdeutschland. Ich lese es, um herauszufinden,
bei welchen Gelegenheiten sich Bests Wege mit denen
meines Vaters gekreuzt haben könnten – und bekomme
gleichzeitig wieder einmal eine Art Nachhilfe in Zeitgeschichte.

Best war wie viele andere SS-Größen promovierter Jurist, laut Ulrich Herbert der Mann hinter, zeitweise neben Heydrich. Er scheint sich selbst nicht die Finger schmutzig gemacht zu haben, aber er zog die Fäden. Er entwickelte die organisatorischen Strukturen für die Überwachung, die Verfolgung und die Ermordung politischer Gegner und für die Judenverfolgung.

Best hatte die SS-Führer Himmler und Heydrich schon 1933 in München kennengelernt. In ihrem Auftrag sollte er hier den Sicherheitsdienst SD, den Geheimdienst der NSADP, aufbauen und die SA unter Ernst Röhm beobachten lassen. Im Einvernehmen mit Hitler sollte die SA, die sich zu einer Hilfspolizei entwickelte und nach noch mehr Einfluss strebte entmachtet werden. Röhm wurden Putsch-Absichten unterstellt. Best ließ Namenslisten von SA-Führern anlegen, die kalt gestellt werden sollten. Nach Absprache mit Himmler und Heydrich gab Best am 28. Juni 1934 den Befehl für zahlreiche Verhaftungen und Morde an führenden SA-Leuten darunter auch Ernst Röhm. Laut Herbert spielte Best bei der Aktion gegen den sogenannten „Röhm-Putsch" eine „zentrale Rolle". Der 30. Juni sei ein Einschnitt und Wendepunkt für das NS-Regime und für Best gewesen.

Anfang 1935 ging Best als Stellvertreter Heydrichs, der das Geheime Staatspolizeiamt leitete, nach Berlin und wurde damit – laut Herbert – Nummer drei der Gestapo. Best baute als Konkurrenz zur Abwehr der Wehrmacht die Abwehrpolizei auf. Er war es, der die Schutzhaft als normales polizeiliches Verfahren verteidigte. Zusammen mit Heydrich entwarf er damals schon die ersten Pläne „zur Lösung der Judenfrage".

Bereits vor dem sogenannten „Anschluss Österreichs" im März 1938 stellte Best gemeinsam mit Admiral Wilhelm Canaris, dem Chef der Abwehr der Wehrmacht -

also des militärischen Geheimdienstes - mobile Polizeieinheiten zusammen, die direkt hinter der Wehrmacht einmarschieren sollten, um etwaigen Widerstand zu unterdrücken. Österreich sei damit so eine Art Probelauf für die späteren Einsatzgruppen gewesen. Auch beim „ Anschluss des Sudetenlandes" im Oktober 38 und beim Einmarsch in der Tschechoslowakei am 15. März 39 bekämpften solche Spezialeinheiten politische Gegner und verübten Gewalttaten. Schon im Juli 1939 begann Best, die Pläne und das Personaltableau für Einsatzgruppen aus SD, Gestapo und Kripo zu entwickeln, die mit der Wehrmacht in Polen einrücken sollten. Sie begannen gleich zu Beginn des Polenfeldzugs mit Terroraktionen, misshandelten, verhafteten, ermordeten zehntausende von Polen oder ließen sie in Konzentrationslager schaffen. Später organisierte Best die systematische Verfolgung von Juden, die in den Osten verschleppt und in Konzentrationslager deportiert und ermordet wurden. Best war maßgeblich für diese Politik verantwortlich, die er in Geheimen Staatspolizeiamt und in dem im Oktober 39 eingerichteten Reichssicherheitshauptamt konzipierte und koordinierte.

Im Juni 1940 fiel Best bei seinem Chef Heydrich in Ungnade, er wurde zunächst nach Frankreich, dann nach Dänemark abkommandiert. Wegen seiner Rolle bei der Judenverfolgung in Dänemark wurde er nach dem Krieg zu mehreren Jahren Gefängnis verurteilt. Als er nach Deutschland zurückgekehrt war, arbeitete er zunächst in der Kanzlei des FDP-Bundestagsabgeordneten Ernst Achenbach. Zusammen mit der nordrhein-westfälischen FDP führte er eine Kampagne für eine Generalamnestie für Nazi-Täter. Sie fand bei der Bundes-FDP jedoch keine Unterstützung und scheiterte am Einspruch der Amerikaner.

Best hat laut Herbert eine Art Kameradenhilfe aufgebaut und betrieben. Er verfasste für unzählige ehemalige Untergebene und Kollegen entlastende Bestätigungen über ihre Polizeitätigkeit und entwickelte Verteidigungslinien für NS-Täter, die vor Gericht standen. Ulrich Herbert schreibt, während kleine und mittlere Ränge von SA, SS und NSDAP *„offenbar häufig noch bis in die späten 50iger Jahre hinein keine stabile Grundlage für sich erreichen konnten und ihr Auskommen im übrigen auf höchstens mittlerem sozialem Niveau fanden, gelang außer den leitenden Ministerial- und Justizbeamten auch den ehemaligen Spitzen von Sicherheitspolizei und SD, in denen der Typus des, meist juristisch ausgebildeten, Akademikers aus der Mittel- und Oberschicht überwog, die Rückkehr in die Bürgerlichkeit auf zum Teil hohem Niveau. Die Industrie an Rhein und Ruhr bot dabei für viele ein neues Betätigungsfeld."* Ein Beispiel dafür war auch Best selbst, der es Mitte der 50iger Jahre zum Justitiar beim Stinnes-Konzern brachte.

Best versuchte, seine Wiedereinstellung in den Öffentlichen Dienst zu erreichen und verlangte eine Entschädigung für die Haft in Dänemark. Dies wurde 1958 abgewiesen. Im Berliner Spruchkammerverfahren wurde er stattdessen zu einer Geldstrafe von 60 000 Mark verurteilt, von der die Berliner Justiz aber nur Zugriff auf DM 118,45 hatte. Die Berliner Staatsanwaltschaft setzte die Ermittlungen fort. 1969 wurde Best in Untersuchungshaft genommen. Ihm wurde vorgeworfen, er habe als Amtschef I des Reichssicherheitshauptamtes während der ersten Wochen und Monate des Krieges gegen Polen die Einsatzgruppen und Einsatzkommandos organisiert, aufgestellt und angeleitet. Im Februar 1972 erhob das Kammergericht Berlin Anklage wegen „gemeinschaftlich mit Hitler, Göring, Himmler, Heydrich und Müller" begangenen Mordes an 8723 Menschen in Polen. Doch am 2. August 1972 musste das Gericht das Verfahren vorläufig einstellen. Best war angeblich verhandlungsunfähig. Sein Gesundheitszustand ließ es später aber zu, dass er in einem anderen Prozess als Zeuge aussagte. Best starb erst 1989.

Und dieser Mann hatte meinem Vater eine Empfehlung geschrieben! Als ich später einem Historiker davon berichte, dass mein Vater seltsamerweise nach dem Krieg lange Jahre nicht mehr ins Arbeitsleben fand und dass er schließlich in Nordrheinwestfalen den Einstieg geschafft hat, sagt er mir auf den Kopf zu: „bei einer Versicherung". 1962 hat mein Vater mit der Empfehlung eines alten Nazis bei einer Versicherung einen Job bekommen – offensichtlich eine typische Karriere für viele Männer mit einer NS-Vergangenheit. Das Netzwerk der damals rechtsnationalen FDP und der alten Kameraden funktionierte in NRW besonders gut.

Literatur:
Ulrich Herbert, Best. Biographische Studien über Radikalismus, Weltanschauung und Vernunft. 1903-1989, Bonn 1995

Deutschland

ZWANGSARBEITER
Kritik an Lambsdorff

Die Bundesregierung soll Otto Graf Lambsdorff als Beauftragten für die Verhandlungen über eine Entschädigung von NS-Zwangsarbeitern entlassen. Das wollen Esther Bejarano, Vorsitzende des Auschwitz-Komitees, und ehemalige Zwangsarbeiter fordern. Sie berufen sich auf Archiv-Unterlagen, denen zufolge sich Lambsdorff als Bezirksvorsitzender der FDP Aachen 1952/53 „zum politischen Helfershelfer von Nazi-Kriegsverbrechern gemacht" habe. Lambsdorff, damals ein junger Rechtsreferendar, sei mit dem hohen SS-Offizier Werner Best aufgetreten und habe eine Amnestie für NS-Kriegsverbrecher verlangt. 1952 soll er nach einem Bericht des Bundeskriminalamts (BKA) auch den Kriegsverbrecher Antoine Touseul getroffen haben, der aus einem niederländischen Gefängnis geflohen war und die FDP in Aachen um Hilfe bat; das BKA hatte Lambsdorff deshalb vernommen. Als 1953 die Briten sieben Nazi-Größen festnahmen, habe die Aachener FDP unter Lambsdorff, so ein weiterer Vorwurf, eine Protestkundgebung geplant und erst auf Drängen der Bundespartei abgesagt. Lambsdorff weist die Vorwürfe als eine „Mischung aus Dichtung und Wahrheit" zurück. Er sei nicht mit Best aufgetreten, an Touseul könne er sich nicht erinnern.

Spiegel-Bericht vom 23.8.1999: Best als Helfer von NS-Kriegsverbrechern

Alte Geschichten, die mich nicht loslassen

Immer wieder hatte ich Zweifel, ob ich mit der Recherche über meinen Vater weitermachen sollte. Wie bei einem Puzzle hatte ich einige Steine zusammengefügt, doch ein Bild konnte ich mir noch nicht machen. Ich hatte angenommen, es würde leichter sein, ihm auf die Spur zu kommen. Inzwischen fühlte ich mich überfordert, denn ich bin keine Historikerin. Ich muss mir mühsam die militärischen Begriffe aufschlüsseln und die geschichtlichen Rahmenbedingungen erschließen.

Ich kämpfte mit den Widrigkeiten meines Lebens. Und ich fragte mich: Warum soll ich mich mit den alten Geschichten beschäftigen? Meine Eltern sind mittlerweile tot, mein Kindheitstrauma ist bearbeitet. Die Gefühle des Kindes sind längst gekappt, die Mitgift des schillernden Vaters ist dank einer Therapie einigermaßen bewältigt. Ich habe mich doch weitgehend befreit von meiner Familiengeschichte. Oder täusche ich mich da?

Wieder und wieder verfingen sich meine Gedanken an der Person meines Vaters. Es gab lange Pausen, aber dann stellte ich wieder eine neue Archivanfrage. Also doch die fast zwanghafte Suche nach der ambivalenten Figur des Vaters, den ich einerseits als warmherzig, andererseits als egoistisch und rücksichtslos erlebt hatte, den ich ablehnte und gleichzeitig irgendwie faszinierend fand? Solange er gelebt hatte, wollte ich den Abstand zu ihm wahren. Ich wehrte jede Nähe ab. Ich entzog mich ihm höflich, verweigerte Antworten auf seine Fragen. Bis zu seinem Tod übte ich Kommunikationslosigkeit, wie ich sie in der Familie schon früh gelernt hatte. Meine

Ressentiments ihm gegenüber waren beständig. Und als solche beschäftigen sie mich mein Leben lang.

Meine Schwester hatte die Verbindung zum Vater in ihrer Jugend gleich ganz abgebrochen. Aber auch ihr Leben hat er geprägt – oder soll ich sagen: überschattet. Als sie an einem psychologischen Seminar über Familienaufstellung teilnimmt, fragt sie mich, was ich über unseren Vater weiß. Ich gebe ihr spontan eine klare Antwort: „Geh davon aus, dass er Doppelagent war." Aber wie kam ich darauf, dass er ein doppeltes Spiel getrieben haben könnte? Ich kann es mir heute nicht mehr schlüssig erklären. Es war vielleicht mehr ein Bauchgefühl, eine Ahnung, von der ich spaßeshalber behauptete, ich hätte diese Fähigkeit von meinen sorbischen Vorfahren geerbt. Das war 1985 - lange bevor ich zu recherchieren begonnen hatte. Für die Vermutung, dass er beim Geheimdienst gewesen war, hatte ich damals allenfalls Anhaltspunkte.

Die Abenteuergeschichten, die ich als Kind von meinem Vater gehört, aber nicht verstanden habe, der Deckname, von dem in unserer Familie geredet wurde, die seltsamen Männer in langen Ledermänteln, die ihn nach dem Krieg besucht hatten, das war alles, was auf eine geheimnisumwitterte Vergangenheit meines Vaters hindeutete. Ein konkretes Indiz für seine Nähe zum Geheimdienst lieferte er mir in den 80iger Jahren selbst. Er bat mich, zwei Bücher in der Staatsbibliothek auszuleihen. An eines erinnere ich mich noch: Walter Nicolai: Geheime Mächte, veröffentlicht 1923. Was wollte er mit diesen alten Schwarten über den Aufbau des militärischen Geheimdiensts vor dem Ersten Weltkrieg?

Ich reagierte mit Unverständnis auf die Bücher, die meinen Vater offensichtlich noch immer sehr interessierten. Sie handelten von Oberstleutnant Walter Nicolai, der 1913 den Auftrag erhielt, den militärischen Nachrichtendienst zu reformieren und effektiver zu machen. Seine Hauptaufgabe war es zunächst, die militärische Stärke Frankreichs, Russlands und Englands auszuloten. Im Ersten Weltkrieg gewann der militärische Geheimdienst an Einfluss und Bedeutung. Unter seinem Chef Nikolai wurden ein geheimer Melde- und Spionageabwehr-Dienst mit einem Netz von V-Männern aufgebaut und die Pressezensur und Propaganda verschärft. Nach dem Krieg durfte Deutschland auf Grund des Versailler Vertrages keinen militärischen Geheimdienst mehr unterhalten. Nicolai wurde rasch pensioniert. Sein Anfang der Zwanziger Jahre erschienenes Buch ist ein flammendes Plädoyer, in Deutschland wieder einen starken militärischen Geheimdienst einzurichten. „Die Jahre 1919 und 1920 können als ‚abwehrlose Zeit' betrachtet werden." - so schreibt Gert Buchheit, ein Historiker, dem geheimdienstliche Erfahrungen und Kontakte zum BND nachgesagt werden, über diese Phase. Man habe das Verbot aber ganz schnell umgangen. Unter einem frühen Mitarbeiter Nicolais sei eine Spionageabwehr-Stelle eingerichtet worden, die „Abwehr" genannt wurde, um den defensiven Charakter zu betonen. Nicolai war offensichtlich auch in der Zeit des Dritten Reiches der Gewährsmann für Fragen des militärischen Geheimdienstes, auf den man sich gern bezog.

Ich habe damals das Buch von Walter Nicolai und dem zweiten Autor, der sich mit dem Aufbau der Abwehr beschäftigte, ausgeliehen und gelesen, ich habe sie aber meinem Vater nie gegeben. Mit einem bösen Gefühl - und der Idee, ihm auf die Spur gekommen zu sein. Aber es hatte mich damals nicht wirklich interessiert. Ich hatte mich wieder mal verweigert, ich hatte nicht mehr wissen wollen - und die Chance nicht genutzt, etwas über seine Vergangenheit zu erfahren.

Noch eine Chance habe ich verpasst. Als ich 1989 in Kiew war, um in einer deutschsprachigen Redaktion mitzuarbeiten, erzählte mein Vater mir, dass er im Krieg auch dort gewesen sei. Wieder fragte ich nicht nach. Aber ich ließ mir von den ukrainischen Kollegen Babi Jar zeigen, wo die Deutschen mehr als 33 000 Juden ermordet hatten. Es war nicht die Angst, etwas Schlimmes herauszufinden, die mich nicht fragen ließ. Es war eher die Verweigerung von Kontakt, von Beziehung. 1992 war die Zeit für Fragen endgültig abgelaufen. Mein Vater war im Herbst gestorben.

Als ich 1997 die ersten Akten aus dem Bundesarchiv bekommen hatte, lief in München gerade die Ausstellung über die Verbrechen der Wehrmacht, die mit dem Mythos von den anständigen Soldaten aufräumte und zeigte, in wie vielen Ländern die Wehrmacht gebrandschatzt und gemordet hatte. Ich erinnere mich noch, dass ich mit sehr gemischten Gefühlen durch die Ausstellung ging und auf jedem Foto meinen Vater zu entdecken erwartete. Polen, Tschechien, Ukraine, Jugoslawien, lauter Schauplätze, von denen ich wusste, dass er dort gewesen war.

Immer wieder kreisten meine Gedanken um die Geschichte meines Vaters, immer wieder brachte ich das Gespräch auf ihn. Häufig eher spielerisch, mit Berufung auf meine journalistische Neugier, die mich leite. „Willst Du es wirklich wissen? Hast du nicht Angst vor dem, was rauskommen könnte?" Das fragt mich ein befreundeter Historiker, dem ich von meinen Funden erzähle. „Nein", antworte ich kühl, „mein Verhältnis zu meinem Vater ist geklärt". Tatsächlich erscheinen mir Tatsachen, die ans Licht kommen könnten, nicht mit einem emotionalen Risiko verbunden. Denn ich habe meine Gefühle für den Vater schon als Kind abgetötet. Ich bin als Jugendliche immer wieder bewusst auf Distanz zu ihm gegangen, als er mich mit seinen politischen Einstellungen nervte oder mir seine autoritären Ansichten aufdrängte. Ich hatte mich verweigert, als er mir meinen Lebensstil vorschreiben wollte. Ich hatte keine Angst vor dem, was meine Recherchen erbringen könnten, eher schon wollte ich etwas enthüllen, was man mir verschwiegen hatte. Oder wollte ich ihn vorführen als Täter? Späte Rachegefühle des enttäuschten Kindes?

Literatur:
Walter Nicolai, Geheime Mächte. Internationale Spionage und ihre Bekämpfung im Weltkrieg und heute, Leipzig 1923

Gert Buchheit, Der deutsche Geheimdienst. Spionageabwehr im Dritten Reich, Beltheim-Schnellbach 2010

Die Entnazifizierungsakten: eine Fundgrube

Die Phase, in der andere Dinge wichtig waren in meinem Leben und ich zweifelte, ob ich weiter recherchieren sollte, dauerte ziemlich lang. Ich war mir nicht sicher, ob ich eintauchen wollte in die Vergangenheit und mich mit der problematischen Figur des Vaters beschäftigen sollte, von der ich mich weitgehend befreit hatte. Der Aktendeckel mit den Dokumenten über meinen Vater ruhte in meinem Schreibtisch in der Redaktion. Den Gedanken, eine Sendung über meine Recherche zu machen, hatte ich aufgegeben. Die Folge-Anfragen beim Bundesarchiv und der Stasi-Unterlagenbehörde hatten nichts Neues erbracht.

Eine Hörfunksendung, bei der ich Regie führte, sollte im Jahr 2010 - also vierzehn Jahre nach meiner ersten Archivanfrage - einen Anstoß für weitere Nachforschungen bringen. Ein Kollege hatte Tonbänder und Aufzeichnungen des Mannes entdeckt, auf denen Joseph Martin Bauers Roman „So weit die Füße tragen" aus dem Jahr 1955 basiert. Dieser Mann namens Cornelius Rost hatte behauptet, er sei auf abenteuerliche Weise aus der Kriegsgefangenschaft in einem sibirischen Lager geflüchtet und dies in allen Einzelheiten geschildert. Joseph Martin Bauer hatte diesen Stoff literarisch verarbeitet. Er traf mit seinem Roman im Nachkriegsdeutschland einen Nerv, denn zu dieser Zeit kamen gerade die letzten Rußlandheimkehrer zurück. Er pflegte auch den Mythos vom tapferen deutschen Soldaten, der schuldlos in Not geraten war. Der Roman wurde 1959 als Fortsetzungsserie verfilmt und war der erste große „Straßenfeger" in der Geschichte des deutschen Fernsehens. Mein Kollege versuchte, die Lebensgeschichte des Cornelius Rost zu rekonstruieren und abzuchecken, ob er erlebt haben konnte, was er auf Band erzählt hatte. Untertitel des Features: Dichtung, Wahrheit und ein Welterfolg.

Ein Teil der Sendung beschäftigte sich mit einem unveröffentlichten Manuskript, das der ehemalige Wehrmachtssoldat Cornelius Rost selbst verfasst hatte. „Unternehmen Konterbande" erzählt die Vorgeschichte zum Romanstoff für „Soweit die Füße tragen". Protagonist dieses Textes ist ein Mann namens Claus Marker, Oberleutnant bei der Abwehr, der zunächst in Jugoslawien, dann in den Jahren 41/42 in den Niederlanden eingesetzt ist. In Holland hat er den Auftrag, das britische Spionagenetz zu unterwandern und lahm zu legen. Er soll britische Agenten, die mit Fallschirmen abgesetzt worden waren, aufspüren. Er soll in Erfahrung bringen, wie es feindlichen Piloten der Royal Air Force gelingen konnte, aus deutschen Kriegsgefangenenlagern zu entfliehen. Doch daneben gibt es noch das „Unternehmen Konterbande", dem sich Marker verschreibt. Dahinter verbirgt sich eine Aktion, bei der im Einvernehmen mit Admiral Wilhelm Canaris, dem Chef der Abwehr, Juden aus Kreta von Holland aus per Schiff heimlich nach England geschafft und so vor der Verfolgung der Nazis gerettet werden. Aber das Unternehmen geht nicht lange gut. Die Gestapo, der das Vorgehen der Abwehr immer suspekt war, deckt die Aktion auf. Marker wird zum Strafbatallion 999 der Wehrmacht abkommandiert und landet schließlich im Russlandfeldzug bei der Division Brandenburg, einer Spezialtruppe der Abwehr. Cornelius Rost schildert dann im Stil eines Landserromans den tapferen Einsatz des Abwehrmannes an der Front und bei Kommandos weit hinter der Truppe, tief auf russischem Gebiet. Er beschreibt Sabotageakte, die er und seine Männer durchgeführt haben, um Russland zu schwächen. Das reicht von Anschlägen auf Fabriken, der Unterbrechung von Verkehrsverbindungen oder Telefonleitungen, Brandstiftung in Verpflegungsdepots bis zur Sprengung von Brücken und Wasserwerken. Am Schluss gerät Markers Einheit in einen Hinterhalt und wird bis auf zwei Männer aufgerieben. Einer davon ist Marker, der schwer verletzt überlebt und von einer jüdischen Ärztin gerettet wird. Marker landet im Kriegsgefangenenlager in Sibirien. Als Spezialist der Abwehr versteht er es, seine Flucht vorzubereiten und sich durchzuschlagen bis nach Deutschland. Fortsetzung folgt: So weit die Füße tragen...

In den langen Tagen der Produktion des Features „So weit die Füße tragen... Dichtung, Wahrheit und ein Welterfolg" unterhalte ich mich mit meinem Kollegen viel über diesen Cornelius Rost und die Figuren, die er geschaffen hat. Mit seiner Großspurigkeit, seiner aufschneiderischen, etwas halbseidenen Art, seiner simplen Sprache erinnert mich Rost an meinen Vater. Und dann auch noch die Geschichte mit der Abwehr, bei der sich Cornelius Rost gut ausgekannt haben muss. Wie mir spätere Recherchen zeigen, gehen die Parallelen noch weiter: Rosts Schilderungen sind nah an der Realität, die Bekämpfung der britischen Agenten in Holland, die Konkurrenz und die Auseinandersetzungen zwischen Abwehr und Gestapo, die vereinzelten Aktionen von Abwehrleuten zur Rettung von Juden, die Sabotageakte hinter den feindlichen Linien...Mein Schluss: Der Autor Cornelius Rost muss selbst bei der Abwehr gewesen sein.

„Hast Du eigentlich mal nach den Entnazifizierungsakten deines Vaters geforscht?", fragt mich mein Kollege irgendwann. Schlagartig wird mir klar, dass ich einem Denkfehler erlegen war. Auch wenn mein Vater aus Sachsen bzw. dem Sudetenland stammte, musste er sich doch in Bayern entnazifizieren lassen. Im Staatsarchiv München werde ich am 15. Juni 2010 fündig: Vor mir liegt eine Mappe mit rund 50 Seiten Spruchkammerakten aus den Jahren 1946 bis 1951. Ein Geruch von Papier, das lange nicht mit Luft in Berührung kam, strömt mir entgegen. Vergilbte Formulare, Schreiben auf dünnem Durchschlagpapier, ein handschriftlich ausgefüllter Fragebogen, Gerichtsurteile, eidesstattliche Erklärungen, Stellungnahmen meines Vaters, von denen ich schnell erkenne, dass sie meine Mutter formuliert und auf der Schreibmaschine getippt hat. So präzise und sachlich hätte er das nie schreiben können. Ich werde ermahnt, vorsichtig damit umzugehen, die Papiere sind fragil, schließlich sind sie rund 60 Jahre alt. Nun bin ich doch aufgeregt.

Das älteste Schriftstück ist der „Meldebogen auf Grund des Gesetzes zur Befreiung von Nationalsozialismus und Militarismus". Der Fragebogen, den mein Vater zur Entnazifizierung bei seiner Anmeldung im oberbayerischen Altenmarkt ausfüllen musste, ist datiert vom 19.10.1946. In der Spalte „Mitgliedschaften" fällt dreimal ein „ja" ins Auge: bei NSDAP, Gestapo und SA. Bei der Frage nach der SA hat er geschrieben: „32 -34 Sportreferent-Obtruppf.", bei Gestapo steht: „36 - 38 und 40 - 42, apl. (außerplanmäßiger, d. Verf.) Kriminalassistent-Verwaltung, dienstverpflichtet" und bei NSDAP ein „ja" für die Zeit von 32 bis 43. Er habe die Bronzene Parteiauszeichnung bekommen. Ich kann dem Fragebogen noch entnehmen, dass mein Vater in den Jahren 1932 bis 34, also in der Zeit bei der SA, erwerbslos war, 1938 als Angestellter beim Generalkommando IV A.K. (Armeekorps, d. Verf.) 300 Mark monatlich verdiente, ab 1943 als Soldat der Panzerausbildungsabteilung 18 angehörte und bei Kriegsende den Rang eines Unteroffiziers hatte – kein hoher Status.

Am Ende des Fragebogens musste der Unterzeichner erklären, in welcher Gruppe er sich gemäß Art. 65 dieses Gesetzes einordnet. In die Gruppe der „Entlasteten" hat er sich selbst eingeordnet. Und unter dem Zusatz: „Falls Sie glauben, dass das Gesetz nicht auf Sie Anwendung findet, geben Sie Gründe an:" steht da in seiner Handschrift: „*Schwerbeschädigter Versehrtenstufe 3 – Hirnverletzung, war seit 1936 illegal aktiv tätig, hatte Auftrag Verbindung zur NSDAP und Gestapo zu halten, wurde 19.. (unleserlich, d. Verf.)-43 wegen illegaler Tätigkeit und Vorbereitung zum Hochverrat verhaftet, später zur Front ... (unleserlich) mit Hinweis, Rückkehr unerwünscht. War vom 1.10.45 -2.8.46 nach Gefangenschaft interniert, wurde nach Klarstellung bedingungslos entlassen. CIC Traunstein.*"

Anhand der Entnazifizierungspapiere kann ich jetzt grob nachvollziehen, wo meine Eltern wann gelebt haben, auch wenn es da bewusste oder unbewusste Ungenauigkeiten gibt: „*Dresden, Bautzen von 1933 bis 1938, Böhmisch-Leipa, Lötzen/Ostpreussen von 1938 bis 1.4.1940, Reichenberg/CSR von 1.4. 1940 bis zur Ausweisung*".

Ansonsten bleibt vieles unklar. Mein Vater schreibt, seit 1936 sei er illegal aktiv gewesen und sollte den Kontakt zu NSDAP und Gestapo halten. Damals war er Kriminalassistent. Zwischen 1938 und 1940 scheint er nicht bei der Polizei gewesen zu sein, sondern bei der Abwehr. Hatte er den Auftrag, die Verbindung der Abwehr zu Partei und Gestapo zu pflegen? Oder ging es um den Kontakt zu den Einsatzgruppen und Einsatzkommandos, für die die Nachrichtenoffiziere 1c AO laut Literatur auch zuständig waren. Wurde er im Mai 1940 in Reichenberg zur Gestapo dienstverpflichtet oder hat er sich freiwillig gemeldet, wie er in seinem Lebenslauf aus der frühen Kriegszeit angegeben hatte? Warum war er nur bis 1942 bei der Polizei? Endete die Parteimitgliedschaft wirklich schon 1943? Die Angaben im Fragebogen werfen viele Fragen auf. Wo war er von Kriegsende bis zum 1. Oktober 1945? Hirnverletzung? An Narben kann ich mich nicht erinnern. Irgendeine Kopfverletzung hatte mein Vater aber wohl gehabt. Er hatte häufig Kopfschmerzen, war regelmäßig in ärztlicher Behandlung bei einem befreundeten Arzt. Er war zu Untersuchungen bei einem Neurologen in Traunstein und in der Uni-Klinik in München gewesen und hatte eine Zusatzrente bekommen. In den Akten finde ich unter der fortlaufenden Nummer 10 die „Amtsärztliche Bestätigung", die ihm infolge einer Kriegsverletzung einen Schädelbruch mit Hirnverletzung und epileptische Anfälle sowie eine Splitterverletzung im rechten Schultergelenk attestiert. Die Rentenversicherung gibt keine Auskünfte – Datenschutz.

„Bericht" steht über der siebenseitigen Stellungnahme, in der mein Vater im Rahmen des Entnazifizierungsverfahrens nach dem Krieg seinen Lebensweg darstellt. Ich las das Schreiben wieder und wieder und entdeckte jedes Mal weitere interessante Anhaltspunkte für seine Biographie. Allmählich passen manche Puzzlesteine zueinander, aber es bleiben Lücken, es bleiben Widersprüche. Je mehr ich mich vertiefe, desto klarer wird mir, dass möglicherweise nicht alles die volle Wahrheit ist, was er behauptet, aber vieles hält einer Überprüfung doch Stand. Und: Interessant ist das, was er ausgelassen hat.

Was hatte es mit einer Vernehmung beim CIC auf sich? CIC, das „Counter Intelligence Corps", war ein Nachrichtendienst des US-Militärs, der spezialisiert war auf Spionageabwehr. Nach 1945 versuchte der CIC Kriegsverbrecher aufzuspüren, rekrutierte aber auch deutsche Fachleute (weitgehend unabhängig von ihrer politischen

Einstellung). Als letztes Schriftstück finde ich eine Liste der Spruchkammerakten, die zurückgegeben wurden. Darin ist unter Punkt 4 die „Abschrift einer Bestätigung des Karel Husnik, Ankläger beim Magistratsgericht der US-Mil.-Reg in Traunstein" vom 31.3. 1948 oder 1949 (unlesbar, d. Verf.) erwähnt. Sie befindet sich aber leider nicht in den Entnazifizierungsakten. Später werde ich mich auf die Suche nach Karel Husnik machen.

Literatur:
Bauer, Josef: So weit die Füße tragen, München 1955

Dittlmann, Arthur: Soweit die Füße tragen... Dichtung, Wahrheit und ein Welterfolg, Dreiteiliges Feature, Bayerischer Rundfunk 2010

Rost, Cornelius: Unternehmen Konterbande, unveröffentlichtes Manuskript

1674	Altenmarkt a. Alz	19.Okt.1946	M
Lfd. Nr.	Einlieferungsort	Einlieferungstag	Buchstabe

Meldebogen

auf Grund des Gesetzes zur Befreiung von Nationalsozialismus und Militarismus vom 5. März 1946.

Deutlich und lesbar ausfüllen (Druckbuchstaben)! Dickumrahmtes nicht ausfüllen! Jede Frage ist zu beantworten!

Zuname **Montag** Vornamen **Paul Richard** Beruf **Kaufmann**

Wohnort **Altenmarkt / Alz** Straße **Nr. 55 1/2**

Geburtsdatum **28.7.12** Geburtsort **Weigsdorf** Familienstand ledig/verheiratet/verwitwet/geschieden

Wohnsitz seit 1933:

a) **Dresden, Bautzen** von **1933** bis **1938**
b) **Böhmischleipa, Götzen, Ostpr.** von **1938** bis **1.4.40**
c) **Reichenberg / Böh** von **1.4.40** bis **zum Ausweisung**

1.	Waren Sie jemals Angehöriger, Anwärter, Mitglied, förderndes Mitglied der:	Ja oder Nein	Höchster Mitgliedsbeitrag monatlich RM	von	bis	Mitglieds-Nr.	höchster Rang od. höchstes bekleidetes Amt od. Tätigkeit, auch vertretungsweise od. ehrenhalber			Klasse oder Teil B
							Bezeichnung	von	bis	
a	NSDAP.	Ja	1.50	32	43	1008325	Kassier	Entf. geblt		
b	Allg. SS	Nein								
c	Waffen-SS	Nein								
d	Gestapo	Ja	Keine	36-38-40-42			agit. Kreisleitungskasse/stenE.			
e	SD (Sicherheitsdienst) der SS	Nein					Verwaltung Dienstverpflichtete.			
f	Geheime Feldpolizei	Nein								
g	SA.	Ja	Keine	32-34	-		Sportsfernst - Obtrupp			
h	NSKK. (NS.-Kraftfahr-Korps)	Nein								
i	NSFK. (NS.-Flieger-Korps)	Nein								
k	NSF. (NS.-Frauenschaft)	Nein								
l	NSDStB. (NS.-Studentenbund)	Nein								
m	NSDoB. (NS.-Dozentenbund)	Nein								
n	HJ.	Nein								
o	BdM.	Nein								

* Hier ist auch nebenamtliche Mitarbeit z. B. Vertrauensmann, aufzuführen.

2.	Gehörten Sie außer Ziffer 1. einer Naziorganisation gemäß Anhang zum Gesetz an?*		höchster Rang oder höchstes bekleidetes Amt od. Tätigkeit, auch vertretungsweise od. ehrenhalber.		
	Bezeichnung	von	bis	Bezeichnung	von	bis
a	Entfällt			Entfällt		
b						
c						
d						
e						
f						
g						

* Es ist zu jedem freigestellt, hier auch die Zugehörigkeit zu anderen Organisationen nachzuweisen.

3. Waren Sie Träger von Parteiauszeichnungen (Parteiorden), Empfänger von Ehrensold oder sonstiger Parteibegünstigungen? **Ja**

Welcher? **Braunes Partei-Auszeichnung**

4. Hatten Sie irgendwann Vorteile durch Ihre Mitgliedschaft bei einer Naziorganisation (z. B. durch Zuschüsse, durch Sonderzuteilungen der Wirtschaftsgruppe, Beförderungen, UK-Stellung u. a.)? **Nein**

Welche? **Entfällt**

5. Machten Sie jemals finanzielle Zuwendungen an die NSDAP. oder eine sonstige Naziorg.? **Nein**

Wenn ja, welche **Entfällt** in welchen Jahren **Entfällt** insgesamt RM **Keine**

Ankunft in Bayern: Der Meldebogen aus Altenmarkt...

6. Zugehörigkeit zur Wehrmacht, Polizeiformationen, RAD, OT, Transportgruppe Speer u. a.

	Genaue Bezeichnung der Formation	höchster erreichter Rang	ab wann
a	Panzer Ausb. Abtg. 18	Unteroffizier	1.5.45
b			

c Waren Sie NS.-Führungsoffizier (auch wenn nicht bestätigt)? Nein von — bis —
d Waren Sie Generalstabsoffizier? Nein Rang — von — bis —

7. In welchen **Organisationen** (Wirtschaft, Wohlfahrt) bekleideten Sie ein Haupt-, Neben- oder Ehrenamt?

	Bezeichnung	von	bis	höchster Rang o. höchstes bekleidetes Amt o. Tätigkeit, auch vertretungsw. o. ehrenamtl. Bezeichnung	von	bis
a						
b	Entfällt			Entfällt		
c						
d						
e						
f						

8. Angaben über Ihre **Haupttätigkeit**, Einkommen und Vermögen seit 1932

	Jahr	Waren Sie selbständig o. Arbeitnehmer	Falls selbständig, Zahl der Beschäftigten	Stellung o. Identbezeichnung als Arbeiter, Handwerker, Angestellt., Beamter, Vorstand, Gesellschafter, Aufsichtsrat, Unternehmer, freier Beruf etc.	Firma des Arbeitgebers oder eigene Firma bzw. Berufsbez. mit Anschrift	Steuerpflicht. Jires-Einkom. (Betroffenen) RM	Steuerpflicht. Vermögen (Betroffenen) RM
a	1932	Arb.Nehm	—	Erwerbslos	Entfällt		Entfällt
b	1934	"					
c	1938			Angestellter	Genvalkdo. V.A.K.	300.- RM	
d	1943	Entfällt da Soldat u. kein Einkommen					
e	1945	Entfällt da Soldat u. kein Einkommen, i. gefangenschaft					

9. Haben Sie Unternehmen oder Betriebe besessen oder kontrolliert? Nein
Welche? Entfällt

10. Wurden Ihnen von Staat, Partei, Wirtschaft o. ä. Organisationen bisher nicht aufgeführte Titel, Dienstränge oder -bezeichnungen verliehen? Nein
Welche? Keine

11. Läuft oder lief für Sie bereits ein Prüfungsverfahren? Nein Akt-Zeich.? Entfällt
Wo? Entfällt Mit welchem Ergebnis? Entfällt

12. Ist Ihre Beschäftigung von der Militärregierung schriftlich genehmigt? Entfällt
Vorläufig? — Endgültig? — Ist Ihre Beschäftigung von der Militärregierung abgelehnt? Nein
Durch welche örtliche Militärregierung und wann wurde Ihre Beschäftigung genehmigt oder abgelehnt? Entfällt

Ich versichere die Richtigkeit und Vollständigkeit der von mir gemachten Angaben. Falsche oder irreführende oder unvollständige Angaben werden gemäß Art. 65 des Gesetzes zur Befreiung von Nationalsozialismus und Militarismus mit Gefängnis oder mit Geldstrafe bestraft.

13. In welche Gruppe des Gesetzes gliedern Sie sich ein? Entlasteten
Falls Sie glauben, daß das Gesetz nicht auf Sie Anwendung findet, geben Sie Gründe an: Schwerbeschädigter

14. Bemerkungen:

Datum: 19. 10. 46 Unterschrift: Name Vorname

Von einem Brennpunkt zum nächsten

Er habe aktiv am Polenfeldzug teilgenommen, so hatte es mein Vater in seinem Lebenslauf aus dem Jahr 1940 formuliert. In seiner Stellungnahme zur Entnazifizierung, die ich im Staatsarchiv München einsehen kann, schreibt er kryptisch, er sei bei der Abwehrstelle IV Dresden und der Abwehrstelle I Königsberg entsprechend seiner Ausbildung für abwehrpolizeiliche Aufgaben verwendet worden. *„Nach Beendigung des Polenfeldzuges waren meine Aufgaben bei der Abwehrstelle I, Königsberg, erledigt und ich wurde auf Anordnung des Reichssicherheitshauptamts zurückbeordert und der Polizeiverwaltung Reichenberg/ Sudetengau zugewiesen....“* Was seine Aufgaben bei der Abwehr in Königsberg waren, das verrät er nicht.

„Böhmisch-Leipa, Lötzen/Ostpreussen von 1938 bis 1. 4. 1940“ hatte mein Vater auf dem Meldebogen in Altenmarkt pauschal als seine Wohnsitze angegeben. Es dauerte, bis ich begriff, dass er zuerst in Böhmisch-Leipa war, dann nach Ostpreußen ging, wo meine älteste Schwester geboren wurde, und von dort nach Reichenberg, zurück ins Sudentenland, versetzt wurde. Erst durch meine Anfrage beim Staatlichen Kreisarchiv Ceska Lipa/Böhmisch-Leipa kann ich schließlich rekonstruieren, wann er wo lebte. Ich hatte gezögert, hatte es mir schwierig vorgestellt bei einem tschechischen Archiv um Auskunft zu bitten, wegen der Sprache. Soll ich auf deutsch oder auf englisch anfragen? Werden die Archive mir antworten? Schließlich haben sie kein besonderes Interesse an den Fragen der Tochter eines Gestapo-Mannes, auch wenn sie eine Journalistin ist.

Auf meine Anfrage beim Archiv in Ceska-Lipa bekom-

Noch ein glücklicher Sommer vor Kriegsbeginn: Ausflug an die Masurischen Seen 1939.

me ich im November 2014 die Antwort auf deutsch: *„Ihr Vater Richard Montag wurde in der Einwohnerkarthotek des Bezirks Böhmisch-Leipa (Ceska Lipa) gefunden. In unserem Stadt lebt Ihr Vater berufstätig als Kaufmann mit seiner Frau Annelies nur 3 Monaten, dann am 13. 4. 1939 wurde Richard Montag nach Lötzen(Ostpreussen) abgemeldet, Ehefrau Annelies nach Dresden abgemeldet wurde. Ob Ihr Vater für Gestapo in Ceska Lipa arbeitete, das wissen wir nicht. In unserem Staatsarchiv haben wir leider keine einheimische Gestapodokumente. "* Angefügt sind die Kopien von zwei Aktenblättern, denen ich entnehmen kann, dass meine Eltern sich am 1. Januar 1939, dem Tag nach ihrer Hochzeit, in Böhmisch-Leipa angemeldet hatten, und dass sie in der Südgasse 1520 wohnten. Ich bin wieder einmal beeindruckt von der Unterstützung durch die Archivare, die ich im In- und Ausland erfahre.

Jetzt endlich kann ich auch kombinieren, wann meine Eltern im ostpreußischen Lötzen lebten: von April 1939 bis April 1940, das heißt: vor und nach dem deutschen Überfall auf Polen. Hat mein Vater also nicht nur in der Tschechoslowakei als Nachrichtenoffizier der Abwehr das Land ausspioniert, bevor es zerschlagen wurde, sondern zu Kriegsbeginn auch an der polnischen Grenze „Aufklärungsarbeit" betrieben? Ging es im Sudetenland, der CSR und in Polen um das, was Werner Best, der Mann, der ihm nach dem Krieg ein Empfehlungsschreiben lieferte, „Industrie-Sicherung", „vorbeugende Maßnahmen gegen Landesverrat" und „kriminalistische Aufklärung von Landesverrats-Delikten" nannte? Was hat mein Vater getan bei der Abwehrstelle I in Königsberg und in Lötzen, der Stadt an den Masurischen Seen, unmittelbar an der polnischen Grenze, in der er und seine Frau zum Zeitpunkt des deutschen Überfalls auf Polen lebten?

Hintergrund: Die Entwicklung in Polen

Meine Literaturrecherche ergibt ein düsteres Bild von dieser Zeit. Schon im Frühjahr 1939 liefen im SD-Hauptamt, dem Vorläufer des am 27. September 1939 gegründeten Reichssicherheitshauptamtes, die Vorbereitungen für einen Krieg gegen Polen und für ähnliche Aktionen wie zuvor in Österreich, dem Sudetenland und der Tschechischen Republik. Abwehrleute hatten schon Jahre vorher mit der Ausforschung auf polnischem Gebiet begonnen. Sie erkundeten strategische Objekte wie Verkehrsknotenpunkte, Kraftwerke und kriegswichtige Industriebetriebe und planten für den Kriegsfall ihre Besetzung. Sie versuchten Angehörige des polnischen Offizierskorps als Auskunftsquellen aufzutun. Sie warben polnische Bürger deutscher Herkunft, Angehörige der deutschen Minderheit und ukrainische Nationalisten an, die sie dafür zu gewinnen suchten, Feindseligkeiten zwischen Deutschen und Polen zu provozieren. Später lieferten die Abwehrstellen Wien, Breslau und Königsberg auch Waffen und Sprengstoff, mit denen getarnte „Diversionseinheiten" Sabotageaktionen jenseites der deutschen Grenze beziehungsweise hinter den Frontlinien begehen sollten.

Am 5. Juli 39 wurde bei einem Treffen von Reinhard Heydrich, dem Chef des SD, Werner Best und Heinz Jost (dem früheren Chef der Abwehrstelle IV Dresden, inzwischen wie Best im Amt III des SD-Hauptamts), die sogenannte „P-Vorbereitung" beschlossen, sprich das Vorgehen bei einem Überfall auf Polen. Best begann damit, für den Kriegsfall - entsprechend den fünf Armeen - fünf Einsatzgruppen, bestehend aus Gestapo, Kripo und SD, zusammenzustellen. Sie verfassten im Vorfeld Listen von politischen Gegnern, Intellektuellen, Militärs, Juden, Katholiken und Freimaurern. Im sogenannten „Sonderfahndungsbuch" Polen waren mehrere Tausend Namen von Personen aufgeführt, die nach dem Einmarsch verhaftet oder ermordet werden sollten. Die Einsatzgruppen sollten wichtige Gebäude, Industrieunternehmen und Infrastruktureinrichtungen sichern. Ihre Aufgabe war laut Richtlinie ferner: „die Bekämpfung aller reichs- und deutschfeindlicher Elemente in Feindesland rückwärts der fechtenden Truppe". Alles war sorgfältig von den Geheimdiensten geplant. Für den fingierten Überfall auf den Sender Gleiwitz haben Angehörige der Einsatzgruppen das Drehbuch entwickelt. Die Abwehrstelle IV Dresden unter Heinz Jost war im August damit beauftragt worden, polnische Uniformen für verdeckte Aktionen zu besorgen. „Der Polenfeldzug wurde zum Übungsplatz der deutschen Geheimdienste", schreibt der polnische Wissenschaftler Tomasz Chincinski 70 Jahre später über diese Phase.

Nach dem Beginn des Krieges am 1. September 1939 ging es nicht nur um das Vorrücken der Wehrmacht, schon in den ersten Tagen begann eine Welle des Terrors gegen die polnische Bevölkerung. Verhaftungen, Misshandlungen, Erschießungen, Verbrechen an Kriegsgefangenen, polnischen Zivilisten und Juden waren an der Tagesordnung. Nach echten oder inszenierten Übergriffen auf Deutsche wurden Vergeltungsaktionen verübt, bei denen hunderte von Menschen umgebracht wurden. Ein Beispiel dafür ist der sogenannte „Bromberger Blutsonntag" am 3. September, als nach einem Anschlag auf deutsche Soldaten von der Einsatzgruppe IV mehr als 1300 polnische Zivilisten getötet wurden. Mitglieder der neu gebildeten Einsatzgruppen aus SD, Sicherheitspolizei und Ordnungspolizei verübten an vielen Orten Massenexekutionen. Allein für den September wird die Zahl der Ermordeten auf 16 000 geschätzt. Gedeckt wurden diese Gräuel von einer Weisung von Heinrich Himmler, dass sofortige Erschießungen zulässig seien. Bei einer Besprechung am 7. September erklärte Heydrich, es gehe ihm alles zu langsam. Die Leute müssten ohne Gerichtsverfahren erschossen werden können. Er erteilte auch die Weisung, *„die führenden Bevölkerungsschichten in Polen ... sollen so gut wie möglich unschädlich gemacht"* werden. *„Die restliche verbleibende Bevölkerung...wird keine besonderen Schulen erhalten, sondern in irgendeiner Form heruntergedrückt werden".* Als Ziel hatte Hitler vorgegeben, die „Germanisierung der westpolnischen Gebiete" und eine „völkische Flurbereinigung" herbeizuführen, damit deutete sich bereits an, dass Vertreibungen im großen Maßstab folgen würden. Im Oktober 1939 äußerte Hitler, der harte Volkstumskampf gestatte keine gesetzlichen Bindungen und verfügte, dass Täter für ihre Verbrechen strafrechtlich nicht belangt werden sollten. Absicht war, die polnische Führungsschicht zu beseitigen. Die Einsatzgruppen hatten gleich nach dem Einmarsch die sogenannte „Intelligenzaktion" gestartet, bei der zehntausende von Ärzten, Offizieren, Geistlichen und Wissenschaftlern ermordet wurden. In Schätzungen ist von 60 000 Opfern die Rede. Reinhard Heydrich selbst, inzwischen Chef des neu gegründeten Reichssicherheitshauptamtes, bewertete die Einsätze im Nachhinein als „besonders radikal".

Die Brutalität und Radikalität der Besatzer lässt die Historiker von heute von einer Zäsur sprechen. Im Vorwort zu dem Sammelband „Genesis des Genozids" fassen Klaus Michael Mallmann und Bogdan Musial ihre Einschätzung so zusammen: *„...dass am 1. September 1939 die Entgrenzung und Entregelung von Gewalt begann, dass Morde an polnischen und jüdischen Zivilisten und Kriegsgefangenen von Anfang an das Geschehen* *prägten, dass im Septemberfeldzug der Auftakt zum Vernichtungskrieg zu sehen ist, mit ihm die Genesis des Genozids einsetzte. Nicht nur der militärische Feind, sondern (fast) die ganze polnische Bevölkerung wurde bekämpft. Eine offene Definition der Gegner und der anzuwendenden Mittel galt als ebenso selbstverständlich wie präventiver Terror. Erstmals begann man mit der Liquidierung einer nationalen Elite."*

Am 20. September 1939 informierte Hitler die Befehlshaber des Heeres über die geplante „Umsiedlung im Großen". Schon vorher hatten die ersten Vertreibungen eingesetzt. Polen wurden in deutsche Konzentrationslager eingeliefert. Am 21. September fiel der Beschluss, Ghettos für Juden einzurichten. Ab Oktober 1939 begann ihre systematische Deportation in Richtung Osten.

Schon am 6. Oktober 1939 war der Polenfeldzug abgeschlossen, doch es folgte eine zweite Terrorwelle. Im Frühjahr 1940 wurde im sogenannten Generalgouvernement, in das schon Polen und Juden umgesiedelt worden waren, die sogenannte „AB-Aktion", die „Außerordentliche Befriedungsaktion" eingeleitet, bei der wiederum mehrere Tausend Menschen ermordet, in KZ geschafft oder deportiert wurden.

Der Terror der Einsatzgruppen stieß in der Wehrmacht, der zu Beginn eigentlich die Exekutive im Kriegsgebiet vorbehalten war, auf einigen Widerspruch. Admiral Wilhelm Canaris, der Chef der Abwehr, stellte sich wiederholt gegen das Morden von SD und Gestapo, er kritisierte schon sehr früh die Maßnahmen zur Ausrottung von Polen und Juden, für die man die Wehrmacht verantwortlich machen werde. „*Ein Krieg, der unter Hintansetzung jeglicher Ethik geführt wird, kann niemals gewonnen werden.*" Teile der Wehrmacht und der Abwehr missbilligten die Methoden der Gestapo und plädierten für die Einhaltung des Völkerrechts. Doch die Kritik hielt sich in Grenzen. Und die Bedenken wurden von höchster Stelle weggewischt. Wenn die Wehrmacht nicht mitmache, dann würden die Repressionsmaßnahmen eben SD und SS erledigen. Später waren es tatsächlich SS, SD und Sicherheitspolizei, die über die Einsätze und die Gewalttaten entschieden, weiterhin aber waren auch Soldaten der Wehrmacht daran beteiligt.

Inzwischen ist bewiesen, dass sich die Wehrmacht keineswegs grundsätzlich aus den Verbrechen der Einsatzgruppen heraushielt. Jochen Böhler schreibt im Sammelband „Genesis des Genozides": *„Der Mythos von der ‚tragischen Verstrickung' der Wehrmacht ist ein Zerrbild. Denn zeitgleich mit den ersten gemeldeten Exekutionen der Einsatzgruppen im September 1939 fanden überall im Land wilde Erschießungen polnischer und jüdischer Zivilisten und Kriegsgefangener durch reguläre Einheiten des deutschen Heeres statt."* Die Wehrmachtsausstellung des Hamburger Instituts für Sozialforschung hatte in den 90iger Jahren die Verbrechen der Wehrmacht erforscht und dokumentiert und diesen Mythos in Frage gestellt. „Die Mär von der Unschuld der Wehrmacht" hatte schon viel früher ein DDR-Wissenschaftler zurückgewiesen. Doch damit war er im Westen auf heftigen Widerstand gestoßen – genau wie 20 Jahre später die Macher der Wehrmachtsausstellung.

Bei den Vorbereitungen für die Zweiten Weltkrieg und bei den Grausamkeiten gegen die Polen spielte Dr. Dr. Emil Otto Rasch eine wichtige Rolle. Ab März 1939 war er SD-Chef in Prag gewesen. Im November 1939 ging Rasch nach Königsberg, wo er Inspekteur der Sicherheitspolizei und des SD wurde. Im Rahmen der sogenannten „Intelligenzaktion" ließ er im Lager Soldau, 70

Kilometer entfernt von Allenstein, von Januar bis April des Jahres 1940 mindestens 1500 Polen und Juden - vor allem Akademiker, Offiziere und Geistliche – ermorden. In den umliegenden Wäldern fanden tausende Massenexekutionen statt. In eigens konstruierten Gaswagen wurden bis Juni 1940 hunderte von Behinderten aus umliegenden Einrichtungen umgebracht.

Von April 1939 bis April 1940 lebten meine Eltern in Lötzen in den Masuren, unmittelbar an der Grenze Ostpreußens zu Polen, unweit des Städtchens Allenstein, genau zur Zeit der Kriegsvorbereitung und der schlimmsten Verbrechen an der polnischen Bevölkerung. Am 4. November 1939 wurde meine älteste Schwester in dieses Umfeld hineingeboren. Mein Vater war zeitweise beschäftigt bei der Abwehrstelle I Königsberg, die vermutlich eingebunden war in die frühen verdeckten Aktionen in Polen und die Geheimdiensttätigkeit nach Kriegsbeginn. Lötzen war, wie ich inzwischen nachgelesen habe, eine der Abwehrnebenstellen, die zu Königsberg gehörten.

Mein Vater muss also mittendrin gewesen sein bei den Vorbereitungen für den Krieg und den Aktionen nach der Besetzung Polens. Er dürfte mitgemacht haben bei den Erkundungen des Gebietes vor Kriegsbeginn, muss zusammengearbeitet haben mit Volksdeutschen, die dort lebten. Er hat womöglich Vertrauensleute unter den Polen gesucht, Kontakte zu polnischen Offizieren aufgebaut, wie es nach den Berichten des Historikers Gert Buchheit schon seit Beginn der 30iger Jahre Aufgabe der Abwehr war. Vielleicht ist er gereist in der Tarnung als Weinhändler Dr. Peters, über die in unserer Familie geredet wurde? In der Familie gibt es auch ein Gerücht, er habe nach Kriegsbeginn in einem Internierungslager jemanden vernehmen sollen, und sei dort auf polnische Offiziere und Bekannte gestoßen, die sich über schlechte Behandlung beklagt hätten. Er habe daraufhin einen Brief nach Berlin geschrieben, in dem er sich darüber beschwert habe. Einen Brief an wen? An Himmler, meint mein jüngster Bruder. Eher vielleicht an Canaris, der selbst dem Wüten und der Willkür der Deutschen in Polen eher kritisch gegenüber stand? Es gibt keine Beweise für so einen Brief, aber die Abwehr hatte nachweislich schwere Konflikte mit Gestapo und SD, weil sie sich nicht überall an deren Terror beteiligen wollte... Selbst wenn mein Vater sich von konkreten Verfolgungsmaßnahmen distanziert haben sollte, konnte er sich heraushalten? Was hat er gesehen in diesen Lagern, was hat er erfahren von den Standgerichtsurteilen, den Morden, den Deportationen, der Judenverfolgung? Er muss viel gewusst und mitgekriegt haben, er kann nicht davon gekommen sein, ohne sich die Hände schmutzig gemacht zu haben... Es kann eigentlich nicht sein, dass meine Mutter von all dem nichts mitbekommen hat.

Eine Anfrage beim Polnischen Nationalarchiv in Warschau fördert keine Informationen über meinen Vater zutage. Ich kann also nicht mehr als Mutmaßungen anstellen.

Literatur:

Böhler, Jochen.: „Tragische Verstrickung" oder Auftakt zum Vernichtungskrieg? Die Wehrmacht in Polen 1939, in:

Buchheit, Gert: Der deutsche Geheimdienst. Spionageabwehr im Dritten Reich, Beltheim/Schnellbach 2010

Chincinski, Tomasz: „Hitlers Vorposten. Die Aktivitäten des deutschen Geheimdienstes im Jahr 1939, Vortrag bei einem Symposion aus Anlass des 70. Jahrestages des deutschen Überfalls auf Polen am 28. August 2009

Mader, Julius: Hitlers Spionagegenerale sagen aus. Ein Dokumentarbericht über Aufbau, Struktur und Operation des OKW-Geheimdienstes Ausland/Abwehr mit einer Chronologie seiner Einsätze 1933-1944, Berlin 1970

Paul; Gerhard/ Mallmann, Klaus-Michael (Hg.), Die Gestapo im Zweiten Weltkrieg, Darmstadt 2000

Mallmann, Klaus-Michael/ Musial, Bogdan (Hg.): Genesis des Genozids. Polen 1939-1941, Stuttgart 2004

Mallmann, Klaus-Michael/Böhler, Jochen/Matthäus (Hg.): Einsatzgruppen in Polen. Darstellung und Dokumentation, Darmstadt 2008

Musial, Bogdan: Das Schlachtfeld zweier totalitärer Systeme: Polen unter deutscher und sowjetischer Herrschaft, ebenda, S. 13-35

Weitbrecht, Dorothee: Ermächtigung zur Vernichtung. Die Einsatzgruppen in Polen im Herbst 1939, ebenda, S. 57 -70

Wildt, Michael: Generation des Unbedingten. Das Führungskorps des Reichssicherheitshauptamtes, Hamburg 2003

Von der Abwehr zur Gestapo: Schwieriges Pflaster Reichenberg

„Am 1. 4. 1940 erfolgte auf eigenen Wunsch meine erneute Einberufung zur Geh. Staatspolizei, Staatspolizeileitstelle Reichenberg, wo ich mich auch jetzt noch befinde." So hatte es mein Vater in seinem frühen Lebenslauf, der im Jahr 1940 endet, geschrieben. In der Stellungnahme zur Entnazifizierung aus dem Jahr 1949 liest sich das anders. Darin behauptet er, nach der Zeit bei der Abwehr in Ostpreußen sei er vom Reichssicherheitshauptamt gegen seinen Willen der Gestapo in Reichenberg zugewiesen worden. Dagegen habe er Einspruch erhoben. Er habe sogar die Abstellung zum Kriegsdienst beantragt, um nicht zur politischen Polizei zu müssen, doch das sei nicht genehmigt worden. Schließlich sei er der Abteilung III - Landesverrat - zugeteilt worden. Zwei Versionen, die sich aus dem jeweiligen historischen Kontext erklären lassen. Stromlinienförmiges Verhalten 1940, Verschleierung im Verfahren zur Entnazifizierung 1949? Der Verdacht liegt nahe. Doch ganz so einfach ist es nicht.

Nach dem Krieg versucht mein Vater, mit vielen Einzelheiten zu belegen, was für einen schweren Stand er bei der Gestapo in Reichenberg gehabt habe. Er sei schlechter bezahlt worden, als es seiner Ausbildung und seiner Dienstzeit entsprochen habe. Er habe „rein abwehrpolizeiliche Vorgänge im Verwaltungsweg" zu bearbeiten gehabt. Er habe von Anfang an schwere Auseinandersetzungen mit seinen Vorgesetzten gehabt, weil er von der Abwehr gekommen sei und die Vorgehensweise der Gestapo nicht gebilligt habe. Namentlich erwähnt er in diesem Zusammenhang als einen seiner Chefs Dr. Theodor Schäfer. Die Recherche ergibt, dass Schäfer vom 11. Mai 1940 bis 1.

Dezember 1941 Leiter der Staatspolizeileitstelle Reichenberg, später Führer des Einsatzkommandos 9 der Einsatzgruppe B in der Sowjetunion war. Als Erklärung für seine Schwierigkeiten verweist mein Vater ausdrücklich auf das gespannte Verhältnis von Gestapo und Abwehr, also von Polizeichef Himmler und Wilhelm Canaris, dem Leiter der militärischen Abwehr.

Bei der Gestapo habe man ihm *„wiederholt Bestrafung bzw. Verbringung in ein Konzentrationslager angedroht"*. Nur seine guten Kontakte zur Abwehr hätten ihn vor den angedrohten Strafen geschützt. Er habe auf seine Entlassung hingearbeitet und sich schließlich krank gemeldet. Das war im Juli 1941. Weil Zweifel an seiner Dienstunfähigkeit bestanden, wurde er wiederholt medizinisch untersucht und zur Abklärung zu Spezialisten geschickt. Er schreibt, ein Polizeiarzt habe ihn gewarnt, er könne bestraft werden, wenn er simuliere, er solle an seine Familie denken. Seine Frau erwartete zu dieser Zeit das zweite Kind, die Tochter kam am 18. November 1941 in Reichenberg zur Welt. Trotz der Bitten der Verwandten, so schreibt mein Vater, sei er *„von dem einmal eingeschlagenen Wege nicht abgegangen, da für mich eine Weiterarbeit bei der Geheimen Staatspolizei aus innerster Überzeugung unmöglich war und ich lieber etwaige Folgen in Kauf nehmen wollte"*. Nachdem er zwei Jahre keinen Dienst mehr versehen habe, sei er schließlich am 30. Januar 1943 aus dem Polizeidienst ausgeschieden. In den Entnazifizierungspapieren erwähnt er eine Bescheinigung darüber, doch sie ist nicht erhalten.

Damit kann ich jetzt die Krankenakten einordnen, die mir das Bundesarchiv nach meiner ersten Anfrage schon 1997 zugeschickt hatte. Sie beweisen, dass mein Vater vom Sommer 1941 bis Ende 1942 krankgeschrieben war. Es geht um eine undurchsichtige Verletzung an der rechten Schulter. Die Akten belegen zahlreiche Untersuchungen und mehrere Krankenhausaufenthalte in Reichenberg und in Berlin zwischen dem 20.Juli 1941 und November 1942. Im Schreiben vom Staatskrankenhaus der Polizei an die Geheime Staatspolizei, Staatspolizeileitstelle Reichenberg, vom 11. November 1942 steht, er habe sich schon 1936 als Sportlehrer bei der SA das rechte Schlüsselbein gebrochen. *„Am 20. Juli 1941 musste er erneut wegen einer Luxation im Acromio-Claviculargelenk im SS-Lazarett Hohenlychen operiert werden."* Das wäre eine Verrenkung des Schultergelenks. Mehrere Nachuntersuchungen im Januar 42 sind vermerkt. In einem Arztbericht heißt es, es sei eine tadellose Stellung des Gelenks festzustellen, allerdings gebe es eine Bewegungseinschränkung. Zwei Neurologen können weder neurologische Störungen noch pathologische Veränderungen erkennen. Weil auch vom chirurgischen Standpunkt aus die Bewegungseinschränkung nicht erklärbar sei, wird ein dritter Neurologe eingeschaltet. In der Krankenakte hält er fest, er habe beobachtet, dass der Patient jammere und schreie, wenn er den Arm bewegen soll, dass er sich aber beim An- und Ausziehen freier bewege. Sein Schluss: *„Es handelt sich um eine rein seelisch bedingte Bewegungsbeeinträchtigung der Schulter und des Ellenbogengelenks. Es kann vermutet werden, dass die Ursache der psychogenen Überlagerung vielleicht in der Tendenz von der Polizei loszukommen liegt."* Der Arzt empfiehlt, ihn sofort dienstfähig zu schreiben, er könne selbstverständlich Bürodienst leisten.

Der Mediziner hat das Wort Simulant zwar nicht benutzt, aber er hat meinen Vater offensichtlich durchschaut. Eine solche Diagnose hätte gefährlich werden können. Sie sei sehr ungewöhnlich, meint der Historiker, dem ich von dieser Krankengeschichte berichte. Er ist auch erstaunt über die OP im SS-Krankenhaus Hohenlychen, einer Klinik, die eher führendem Personal offengestanden habe. Wie auch immer: Die Krankenakten bestätigen in diesem Fall die Angaben meines Vaters im Rahmen des Entnazifizierungsverfahrens. Er muss einen Weg geplant haben, um aus der Gestapo herauszukommen, muss simuliert haben, er muss seinen Plan zwei Jahre lang durchgezogen haben. Er muss sich also auch in Gefahr begeben haben. Was war passiert? Wer hat ihn beschützt?

Während des Krankenstandes hatte mein Vater offensichtlich schon seine Fühler ausgestreckt und versucht, sich eine neue Existenz zu schaffen. Seit Sommer 42 hat er nach einer Arbeit in der Wirtschaft gesucht, unter anderem bei der „Böhmisch-mährischen Maschinenfabrik" und der Firma „Skoda". Hatte er dort noch alte Bekannte von der Abwehr? Ein Fund in der Dokumentation des Bundesarchivs über das Amt Ausland/Abwehr deutet darauf hin. Darin abgedruckt ist eine Mitteilung vom 28. Januar 1943, in der die Abwehrstelle Dresden „die von ihr betreuten Betriebe und Dienststellen über bekanntgewordene Aufträge der gegnerischen Nachrichtendienste" informierte. Punkt 41: *„Die nach der Besetzung des Protektorats neu geschaffenen Werke der Rüstungsindustrie erkunden, besonders aber bei: Junkers-Werke, Skoda-Werke, Böhmisch-Mährische Kolben-Danek und Janacek-Werke."* Dort hätte es also für einen Mann der Abwehr mit seinen Erfahrungen etwas zu tun gegeben. Die Verträge mit der Böhmisch-Mährischen Maschinenfabrik, so schreibt mein Vater, seien kurz vor dem Abschluss gestanden, die Verhandlungen aber im Winter 42 auf Befehl des dort eingesetzten deutschen Bevollmächtigten abgebrochen worden. Bei den Skoda-Werken in Prag seien die Verträge sogar fertig gewesen, im Frühjahr 43 habe die Gestapo aber das Landesarbeitsamt Prag angewiesen, ihm die Arbeitsgenehmigung zu versagen. Man habe ihm die Ausweispapiere entzogen, er habe sich regelmäßig bei der Polizei melden müssen und er habe Reichenberg nicht verlassen dürfen. Das Betreten des Protektorats Böhmen und Mähren sei ihm schriftlich verboten worden, da sein Verhalten geeignet sei, *das Ansehen des Deutschtums im Protektorat zu schädigen*". Ende Juni 1943 wurde er zur Wehrmacht eingezogen. Die Gestapo habe seine Abstellung zu einer Bewährungseinheit gefordert. Mit Hilfe seiner Kontakte zur Abwehr habe er dies abwenden können.

Hintergrund:
Die Situation in der Tschechoslowakei

Um die Geschehnisse der beiden Aufenthalte meiner Eltern im Sudetenland – in Böhmisch Leipa von Anfang 39 bis April 39 und in Reichenberg zwischen Mai 1940 und Sommer 1943 – besser einordnen zu können, lese ich mich durch die einschlägige Literatur.

Die Pläne zur Zerschlagung der Tschechoslowakei waren schon ab Juni 1938 ausgearbeitet worden von Dr. Werner Best, Amt III der Abwehr des SD, und Heinz Jost, Leiter der Abwehrstelle IV Dresden, ab 1938 Leiter der Einsatzgruppe I in Dresden mit Sitz in Prag. Die beiden kannten sich aus Hessen. Die Abwehrstelle IV Dresden war traditionell für den Osten zuständig, also für die Tschechoslowakei und Polen.

Nach dem Münchner Abkommen vom 30. September 1938 drangen gleich am 1. Oktober 1938 deutsche Truppen ins Land ein, mit ihnen kamen Leute von der Abwehr und vom SD vermutlich vor allem aus Dresden, um mit geheimdienstlichen Mitteln die Lage aufzuklären und Gegner auszuspionieren. Sie kannten sich gut aus, denn sie hatten schon vorher strategisch wichtige Einrichtungen erkundet, sich der Unterstützer eines Einmarsches versichert. Sie hatten die Region durch Sabotageakte, für die sie dann Tschechen verantwortlich machten, destabilisiert. Es waren sogar hinter der Grenze, auf sudetendeutschem Gebiet, schon Waffen versteckt worden. Gleich nach dem sogenannten „Anschluss" begannen „Säuberungsaktionen" und Verhaftungen, erste Vertreibungen und Ausweisungen. Mehr als 20 000 Menschen sollen in dieser Phase verhaftet worden sein, schätzungsweise 7000 Menschen wurden in Konzentrationslager eingewiesen. Nach einem Erlass Himmlers wurden am 16. Oktober 1938 im Sudetenland drei Stapo-Leitstellen eingerichtet, die alle Berlin unterstanden. Der Leiter der Leitstelle Reichenberg wurde zugleich zum Vertreter des Befehlshabers der Sicherheitspolizei beim Reichskommissar für das sudetendeutsche Gebiet bestimmt. Reichenberg war also mehr als irgendeine kleine, unwichtige Polizeidienststelle.

Währenddessen liefen die Vorbereitungen für die Besetzung der Tschechoslowakei weiter. Auch hier spielte die Einsatzgruppe Dresden eine entscheidende Rolle. Am 15. März 1939 rückten hinter der Wehrmacht die Einsatzgruppe I Dresden, inzwischen unter Dr. Dr. Otto Rasch, und die Einsatzgruppe II Wien unter Dr. Franz-Walter Stahlecker mit mehreren Einsatzkommandos in der Tschechoslowakei ein. Der Stab der Einsatzgruppe I kam zusammen mit einem Einsatzkommando unter Günter Herrmann nach Prag. Die Deutschen sicherten sich Karteien und Akten, um später politische Gegner auszuschalten. Zum Befehlshaber der Sicherheitspolizei im Protektorat Böhmen und Mähren wurde zunächst Otto Rasch, wenige Wochen später Stahlecker ernannt. Dr. Hans Ulrich Geschke wurde Leiter der Stapo-Stelle Prag, er baute das Netz der Gestapo-Dienst-stellen in Böhmen auf. Bei der „Aktion Gitter", die bis Mai 1939 dauerte, wurden zwischen 5000 und 6000 Menschen verhaftet, Anhänger der Kommunisten und der Sozialdemokraten, aber auch deutsche Emigranten und viele Juden.

Nach dem Kriegsbeginn erhöhten die deutschen Besatzer den Druck. Das Netz der deutschen Überwacher war engmaschig. Im Sommer 1941 wurden allein in Prag 1500 Menschen verhaftet. Im August 1941 waren auf dem Gebiet der CSR über 1800 Gestapo-Beamte (davon 812 in Prag, 176 in Reichenberg) für die Kontrolle einer Bevölkerung von gut 10 Millionen Einwohnern zuständig. Die Überwachungsdichte war damit doppelt so hoch wie im Reich. Angesichts der massiven Repressionen gegenüber der Bevölkerung wuchs der tschechische Widerstand. Die Situation wurde zunehmend brisanter. Nachdem am 24. September 1941 Reinhard Heydrich zum Stellvertretenden Reichsprotektor von Böhmen und Mähren ernannt worden war, verhängte er den Ausnahmezustand und griff brutal durch. Der tschechische Ministerpräsident Alois Elias wurde verurteilt und hingerichtet. Zum Jahrestag der Gründung der CSR am 27. Oktober kam es zu Streiks, Massendemonstrationen und Zusammenstößen mit Gestapo, SA und SS, bei denen es Tote gab. Bei der Niederschlagung der Proteste taten sich die Einsatzgruppe I Dresden und ein „Einsatzkommando Kolin" aus Reichenberg besonders hervor. Bis Ende November 1941 wurden noch einmal tausende von Menschen verhaftet, Regimegegner verschwanden in Konzentrationslagern, Standgerichte erließen hunderte von Todesurteilen.

Die Situation wurde noch dramatischer, als am 27. Mai 1942 ein Attentat auf Heydrich gelang, an dessen Folgen er wenige Tage später starb. Die Vergeltungsmaßnahmen der Deutschen waren grausam. 10 000 Tschechen wurden festgenommen, 1300 getötet. Bei den Massakern von Lidice und Lesacky wurden ganze Dörfer dem Erdboden gleichgemacht. Frauen und Kinder kamen ins KZ, die Männer wurden ermordet.

Im Mai 1940 waren meine Eltern von Ostpreußen ins Sudetenland zurückgekehrt, mein Vater war von der Abwehr zur Gestapo gewechselt. Inzwischen hatte sich der tschechische Widerstand formiert, die Nazis hatten ihr Unterdrückungssystem ausgebaut und gingen brutal gegen Gegner vor. Als Gestapo-Beamter war mein Vater Teil dieses Terror-Systems. Ein Jahr nach der Rückkehr nach Reichenberg scheint er damit begonnen zu haben, sich zu entziehen. War er ernsthaft in Konflikt geraten mit denen, die die „Gestapo-Methoden" rücksichtslos anwandten? Was war der Auslöser für die Flucht in eine offensichtlich fingierte Krankheit?

Von „Persilscheinen"
und Grauzonen

Ich war den Entnazifizierungsakten, die ich im Staatsarchiv München einsehen konnte, mit großer Skepsis begegnet. Ich hatte vermutet, dass Auskünfte der Betroffenen nicht glaubwürdig sein würden. Wer belastet war, bemühte sich logischerweise, seine Rolle in der NS-Zeit zu verschleiern und zu schönen, so gut es ging. Es war schließlich bekannt, dass viele versuchten, sich von der braunen Vergangenheit reinzuwaschen, um einen „Persilschein" zu ergattern und um unbelastet in die Zukunft zu gehen.

Die Akten im Staatsarchiv München dokumentieren tatsächlich, wie intensiv sich mein Vater bemüht hat, als unbelastet eingestuft zu werden. Ein schwieriges Unterfangen. Durch drei Instanzen hat mein Vater das Spruchkammerverfahren betrieben. Fünf Gruppen wurden damals unterschieden:1. Hauptschuldige, 2. Belastete, 3. Minderbelastete, 4. Mitläufer, 5. Entlastete. In der ersten Entscheidung der Spruchkammer für den Landkreis Traunstein vom 18. Juni 1948 wurde mein Vater als minderbelastet eingestuft. Gegen Zahlung eines Sühnebetrages vom 300 RM wollten sie Milde walten lassen. *„Der Betroffene wird ohne Nachverfahren in die Gruppe der Mitläufer eingereiht, wenn er den Nachweis der Zahlung der Sühne und der Kosten erbracht hat... Der Streitwert wird auf RM 3600.- festgesetzt. ...Der Betroffene hat die Kosten des Verfahrens zu tragen."* In der Begründung wird dargelegt, dass mein Vater seit 1932 Mitglied der NSDAP gewesen sei, Belege für seine Behauptung, 1942 ausgeschlossen worden zu sein, hätten nicht vorgelegen. Als Mitglied der Gestapo falle er zwar unter die Gruppe der Belasteten, aus mehreren eidesstattliche Erklärungen von Bekannten gehe aber hervor, *„dass er sich die Methoden der Gestapo keineswegs zu eigen machte, sondern aus Kenntnis mancher Dinge verschiedene Verfolgte warnte und ihnen so Flucht und Rettung ermöglichte".* Deshalb scheine er einer milderen Beurteilung würdig und werde in die Gruppe der Mitläufer eingestuft.

Mit diesem Spruch war mein Vater aber nun gar nicht einverstanden. Am 11. August 1948 erhebt er Einspruch und bittet die Spruchkammer Traunstein, die entlastenden Momente sowie die Aussagen des Staatsanwalts der US-Militärregierung, Karel Husnik, zu berücksichtigen. Außerdem führt er soziale Aspekte an: Er sei Ausgewiesener, Schwerversehrter. Er habe vier Kinder im Alter von 1 bis 8 Jahren und befinde sich in einer großen Notlage. Es wäre für ihn eine große Härte, die Sühne zu bezahlen.

Bei der Berufungskammer Traunstein hatte mein Vater mit seinem Einspruch Erfolg. Am 18. November 1948 hebt sie den ersten Spruch auf. Sie ordnet ihn umgehend der Gruppe der Mitläufer zu und verfügt gleichzeitig, dass das Verfahren auf Grund der „Weihnachtsamnestie" eingestellt wird und die Kosten die Staatskasse trägt.

Doch damit gab sich mein Vater auch noch nicht zufrieden. Am 17. Oktober 1949 wendet er sich an das Bayerische Staatsministerium für Sonderaufgaben mit der Anfrage, ob eine Wiederaufnahme des Verfahrens möglich sei. Sein Motiv: Als Amnestierter könne er nicht in den Staatsdienst aufgenommen werden. Am 7. November 1949 wird daraus ein offizielles Gesuch, das er mit einer siebenseitigen Stellungnahme zu seiner Vergangenheit untermauert. Und er hat damit Erfolg. Am 13. Dezember 1949 verfügt der Kassationsgerichtshof im Bayerischen Staatsministerium für Sonderaufgaben, eine Nachprüfung sei geboten. Was ihm zugute gehalten wird, ist erstaunlich: *„Der Betroffene hat nach dem Akteninhalt dauernd nach dem Maß seiner Kräfte Widerstand geleistet...* *und dadurch auch Nachteile erlitten (Vorenthaltung einer leitenden Stellung infolge des Einspruchs der Gestapo, Einziehung zur Wehrmacht trotz mangelnder Tauglichkeit), auch befand er sich wohl in dauernder Verfolgungsgefahr.“* Am 24. Januar 1950 hebt die Berufungskammer München schließlich die vorangegangene Entscheidung der Spruchkammer Traunstein auf. *„Der Betroffene wird für entlastet erklärt.“* In der Begründung wird angeführt, er habe sich in keiner Weise in der Partei betätigt. Zur Gestapo sei er abkommandiert worden, er habe versucht, von ihr weg zu kommen, was ihm aber erst gelungen sei, nachdem er sich zwei Jahre hindurch krank gemeldet habe und beurlaubt gewesen sei. Er sei vom SD beobachtet und als unzuverlässig bezeichnet worden. Es werden die Verfolgungsgefahr und die Hilfe für Ausländer, politische Gegner der NSDAP und Kriegsgefangene erwähnt, die er vor der Verhaftung gewarnt habe. Vier Eidesstattliche Erklärungen hatte mein Vater beigebracht, die ihn entlasten sollten. *„Er stand auch dauernd mit dem in der Widerstandsbewegung tätigen Dr. Steinberg in Prag-Bräunau in Verbindung und wurde im Jahre 1943 nach einem Telefongespräch mit ihm festgenommen und wegen Hochverrats vernommen. Daraufhin durfte er seinen Wohnort nicht mehr verlassen und stand unter der Beobachtung der Gestapo, von der er auch später mehrfach vernommen wurde. Aus der Partei wurde er dann noch vor seiner Einberufung zur Wehrmacht ausgeschlossen.“*

Die Begründung bezieht sich offensichtlich auf das, was Emil Lode, sein Bekannter aus Böhmisch-Leipa und Prag, in einer Eidesstattlichen Erklärung vom Juli 1947 bezeugt. Lief ein Parteiverfahren gegen meinen Vater? Auch mein Vater behauptet, er sei aus der Partei ausge-

schlossen worden. Doch Belege dafür hatten der Spruchkammer Traunstein nicht vorgelegen. Nur mühsam kann
ich die handschriftliche Notiz auf seiner 1949 eingereich-
ten siebenseitigen Stellungnahme zum Entnazifizierungsverfahren entziffern. Da steht in der Handschrift des Be-
arbeiters: „nach Mitteilung des Dokumentenzentrums
nicht aus der NSDAP ausgeschlossen!"

Wie glaubwürdig sind die Eidesstattlichen Erklärungen?
Meine Skepsis ist groß, wie können die Zeugen so detail-
reich Auskunft geben über die damalige Lage meines Vaters? Da wissen Dritte Bescheid über seine Konflikte mit
den Vorgesetzten bei der Gestapo, über seine Versuche,
durch eine fingierte Krankheit die Dienstunfähigkeit zu
erreichen, über die Überwachung seines Telefons und die
Vorwürfe, er sei ein Drückeberger und Saboteur.

Da wird in einer der Eidesstattlichen Erklärungen fest-
gestellt, er habe wegen seiner „antinazionalsozialistischen
Einstellung" Unannehmlichkeiten gehabt, sein Gehalt sei
um 50 % gekürzt und sein Bankkonto gesperrt worden.
Es sei ein Arbeitsverbot ausgesprochen worden, und er
sei bei der Wehrmacht einer Strafeinheit zugeteilt worden. Insbesondere der Zeuge Emil Lode berichtet von
regimekritischen Aktionen. Er kenne Richard Montag
schon seit 1936, damals sei dieser als Angehöriger der
Polizeiverwaltung an der deutsch-tschechischen Grenze
stationiert gewesen. Er habe Beziehungen zu geflüchte-
ten Sozialdemokraten und Kontakte zu deren Familien
unterhalten. Er habe zahlreiche Personen gewarnt und
sie so dem Zugriff der Polizei entzogen. Mit vielen Dingen des politischen Lebens in Deutschland sei er nicht
einverstanden gewesen und habe deshalb „politisch an-
tinationalsozialistisch Gesinnten" geholfen, was ihn in
politische Schwierigkeiten gebracht habe. In der Zeit von
1940 – 1942 hat Montag vielen Ausländern, politischen

Gegnern der NSDAP und Kriegsgefangenen geholfen." Er habe sie vor Verhaftungen gewarnt und so gerettet. Und dann schildert Emil Lode, wie mein Vater „mit dem mir persönlich bekannten in der Widerstandsbewegung tätigen Dr. Steinberg" telefonieren wollte, als dieser gerade verhaftet worden war. Er beschreibt im einzelnen die darauf folgenden Schikanen und die Überwachung meines Vaters durch die Gestapo: Festnahme wegen Vorbereitung von Hochverrat, Entzug der Papiere, Verbot, den Wohnort zu verlassen, Verbot der Einreise ins Protektorat sowie des dauernden Aufenthalts dort. Mein Vater habe ihm nach dem Krieg berichtet, dass er zwischen 1943 und 1945 auch bei der Wehrmacht in der Widerstandsbewegung tätig gewesen sei.

Ist Emil Lode, der von sich behauptete, er habe der Widerstandsbewegung angehört, ein verlässlicher Kronzeuge dafür, dass mein Vater kein stromlinienförmiger Nazi war und sich von der Partei distanzierte? In der Spruchkammerakte von Emil Lode finde ich später Eidesstattliche Erklärungen, in denen diesem bescheinigt wird, er sei mit Tschechen, Deutschen und Juden gut umgegangen und habe in vielen Fällen geholfen. In der Akte liegt auch die handschriftliche Erklärung meines Vaters, in der er hauptsächlich über seine eigenen Schwierigkeiten schreibt. Von Lode berichtet er, dass dieser dem rechten Kameradschaftsbund angehört habe, der die Angliederung des Sudetenlandes, nicht aber die Eingliederung ins Reich gefordert habe. Wegen seiner „sehr konservativen Einstellung" habe Lode Schwierigkeiten bekommen. Man habe ihm Begünstigung von Juden vorgeworfen und ihn kalt gestellt. Dennoch blieb Lode unbehelligt und übernahm später die Leitung einer Ortsgruppe in Königssaal/Zbraslav, einem Vorort von Prag. Nach den Angaben in seiner Entnazifizierungsakte war Lode von 1938 bis 1945 in der NSDAP und gehörte dem Nationalsozialistischen Kraftfahrerkorps an, 1944 hatte er dort den Rang eines Sturmführers. Der Dritte Bürgermeister der Gemeinde Birnbach schreibt über ihn in einer Stellungnahme im Rahmen des Entnazifizierungsverfahrens: *„Ob die zu Lode gemachten Angaben auf Wahrheit beruhen, ist unbekannt, da es sich um einen Ausgewiesenen aus Prag handelt. Nach seinen Angaben und Äußerungen muss er ein begeisterter Nazi gewesen sein.“*

Lode wurde zunächst der Gruppe 2, Belastete, zugeordnet und mit einer Geldsühne von 50 Reichsmark belegt. Seinem Einspruch wurde stattgegeben. Er ließ sich schließlich in Oberbayern nieder. 1947 rief er zusammen mit sieben ehemaligen Nationalsozialisten eine Sammlungsbewegung von Sudetendeutschen ins Leben, aus der 1950 der Witikobund hervorging. 1955 wurde Emil Lode als 1.Vorsitzender der CSU-Ortsgruppe in der Flüchtlingssiedlung Waldkraiburg gewählt.

Hintergrund: Witikobund

Dem Witikobund gehörten mehrheitlich frühere NS-Funktionäre aus dem Sudetenland an. Er stand zunächst in enger Verbindung zum BHE (Block der Heimatvertriebenen und Entrechteten) und zur Gesamtdeutschen Partei GDP. Bis 2001 wurde er vom Bundesinnenmisterium als rechtsextrem eingestuft. Fast 70 Jahre lang bestimmte der Witikobund die politische Linie der Sudetendeutschen Landsmannschaft. Erst 2015 kam es zum Eklat, als die Satzung geändert und auf das Recht auf „Wiedergewinnung der Heimat" und der Rückgabe von Eigentum verzichtet wurde.

Dichtung oder Wahrheit? Die vier „Eidesstattlichen Er-
klärungen", die der Entnazifizierungsakte meines Vaters
beiliegen, gleichen sich so sehr, dass ich misstrauisch
wurde, als ich sie zum wiederholten Mal las. Sie klingen
ausgeklügelt, scheinen gerade zu professionell gemacht.
Da kommt der Verdacht auf, dass sie abgesprochen und
abgestimmt sein könnten. Vorstellbar ist das, üblich
war das damals auch. Mein Vater war gewieft und mit
allen Wassern gewaschen, meinem Vater würde ich es
zutrauen. Meine Schwester kann sich erinnern, dass un-
sere Eltern für viele Leute die Eingaben zur Entnazifizie-
rung verfassten. Alles ein abgekartetes Spiel, eine Hand
wäscht die andere? Alle heimlich im Widerstand? Oder
bin ich zu misstrauisch oder zu missgünstig? Erstaunli-
cherweise hat die Berufungskammer in der Begründung
ihrer Entscheidung Formulierungen des Betroffenen und
der Zeugen zum Teil wörtlich übernommen.

In seiner Stellungnahme vom Jahr 1949, die schließlich zu seiner Entlastung im Entnazifizierungsverfahren
beigetragen zu haben scheint, führt mein Vater konkrete
Gründe dafür an, warum sich im Jahr 1941 die Auseinandersetzungen mit seinen Gestapovorgesetzten in Reichenberg verschärft haben. Er habe sich für zwei Bekannte von der Abwehr eingesetzt, die wegen Landesverrats
vor Gericht standen. Er nennt die Namen. Es handelte
sich zum einen um den Bauern Johann Lydecka aus Ostpreußen, der offensichtlich nicht mit der Gestapo koope-
rieren wollte. Mein Vater berichtet, er sei vor dem Reichskriegsgericht in Berlin als Entlastungszeuge aufgetreten,
daraufhin seien alle Angeklagten freigesprochen worden,
die mit ihm bei der Abwehrstelle I in Königsberg zusammengearbeitet hätten.

Die Gestapo in Reichenberg habe verhindert, dass er noch in einem zweiten Prozess vor dem Volksgerichtshof aussagen konnte. Er habe zur Entlastung seiner früheren Mitarbeiterin Dr. Maria Zeisler aus Niemes/Böhmisch Leipa nur eine schriftliche Stellungnahme abgeben können, in der er bestätigte, dass sie für die Abwehr tätig gewesen sei. Sie sei wegen Landesverrats zum Tode verurteilt und hingerichtet worden.

Zunächst hatte ich den Verdacht, dass mein Vater mit diesen Beispielfällen nur seine Distanz zur Gestapo unter Beweis stellen wollte. Später habe ich versucht, über die beiden Personen im Internet etwas herauszufinden. Von Johann Lydecka aus Großhechlersdorf finde ich in der Zeitschrift „Das Ostpreussenblatt" aus dem Jahr 1980 nur eine Todesanzeige.

Eine Überraschung brachte die Recherche über Dr. Maria Zeisler, nach deren Todesurteil des Volksgerichtshofs ich erfolglos gefahndet hatte. Sie hatte überlebt. Ich entdecke ihren Namen auf einer Homepage der SPD: Dr. rer. nat. Maria Musik, geb. Zeisler aus Niemes/Sudetenland. Sie saß von 1948 bis 1972 im Stadtrat von Kempten im Allgäu. Die „Sozialdemokratin und Stadträtin mit Leib und Seele" hätten in den Dreißiger Jahren „rein humanitäre Gründe" in die SPD geführt, so ist es da zu lesen. Sie habe eine Bibliothekarsausbildung absolviert und sei deutsche Sprecherin am Prager Rundfunk gewesen. Nach 1939 habe sie als Leiterin der deutschen Sendungen in Bratislava/Pressburg fungiert. Dort habe sie auch ihren Mann Rudolf Musik kennengelernt. Von einer Verfolgung durch die Nazis ist in dem Artikel nicht die Rede. Um mehr zu erfahren, erkundige ich mich im Staatsarchiv Augsburg nach ihren Entnazifizierungsakten, archiviert sind aber nur die Spruchkammerakten ihres Mannes. Er gibt an, dass seine spätere Frau, Dr. Maria Zeisler, seit 1931 Sozialdemokratin war. Am 11.November 1939 haben die beiden geheiratet. In einer eigenhändig unterschriebenen Erklärung behauptet ihr Mann, der Mitglied der Karpatendeutschen Partei, der späteren Deutschen Partei, einer nationalsozialistischen Sammlungsbewegung, war, er habe sich im Januar 1944 nicht zur Waffen-SS gemeldet, habe sich aber dem Einberufungsbefehl zum Slowakischen Ergänzungskommando und damit zur Wehrmacht nicht entziehen können:

„...Dies durfte ich nicht riskieren, umsomehr, als meine Frau, Dr. Maria Musik, geb. Zeisler, ehemalige Sprecherin am tschechoslowakischen Rundfunk in Prag war, 1938 aus politischen Gründen das Sudetenland und Prag verlassen musste, in Pressburg ständig in Ueberwachung durch die Gestapo stand und auf deren Betreiben sogar landesverwiesen werden sollte. Es hätte mir Mühe genug gekostet, meine Frau und meine Familie halbwegs zu schützen. Ich durfte sie durch eine Weigerung oder Flucht nicht gefährden, das sie sonst in ein KZ verschleppt worden wäre."

Dr. Maria Zeisler, die Frau, für die sich mein Vater eingesetzt haben will, war also verfolgt und in Gefahr. In dieser Hinsicht stimmen die Angaben meines Vater. Ob ihr ein Todesurteil drohte, lässt sich nicht verifizieren. Glücklicherweise konnte sie sich retten. Das hatte mein Vater nicht mehr erfahren. Hatte er sich als Gestapo-Beamter durch sein Eintreten für zwei verfolgte Abwehrleute zu sehr exponiert und war dadurch in einen offenen Konflikt zur Gestapo geraten? Es sieht danach aus...

In der Hoffnung, mehr über diese Verwicklungen in Reichenberg zu erfahren, stelle ich erneut eine Archiv-Anfrage. Vom Staatlichen Kreisarchiv Liberec/ Reichenberg bekomme ich im Oktober 2014 eine knappe, aber interessante Auskunft: *„In der Evidenzkartei der Bewohner der Stadt Liberec/Reichenberg ist auf der Karte des Richards*

Montag geschrieben: Krim-Assistent, Zuzugszeit nach Reichenberg 8.4. 1940, Abgangszeit 24. 6. 1943. *Der Archivbestand „Gestapo Reichenberg ist in dem Staatlichen Gebietsarchiv Litomerice (Leitmeritz) aufbewahrt."*

Mein Vater hat also Reichenberg tatsächlich Ende Juni 1943 verlassen, zehn Tage vor der Geburt seines Sohnes. Allein zurück blieb seine hochschwangere Frau mit zwei kleinen Kindern. Anscheinend ist er danach nicht mehr zurückgekehrt, um seine Familie zu besuchen. Uns Kindern war immer wieder erzählt worden, der Vater habe seinen Sohn nach dem Krieg zum ersten Mal gesehen. Aber auch im Krieg, bei der Wehrmacht, gab es doch Urlaub? Anscheinend war es für ihn wirklich zu gefährlich, nochmal ins Sudetenland zurückzukommen. Er schreibt, auch seine Frau sei bedrängt worden. Nur durch die Intervention eines örtlichen Fürsorgeoffiziers sei verhindert worden, dass man ihr die Wohnung weggenommen habe. Die Briefe seien kontrolliert und zum größten Teil beschlagnahmt worden.

Von Juli 1941 bis Ende 1942 war mein Vater dienstunfähig und regelmäßig in Behandlung. Erstaunlich: Eineinhalb Jahre hat er sich in einer angespannten Zeit mitten im Krieg krank gemeldet – ohne dass das unmittelbare Konsequenzen hatte. Der immer dramatischer werdenden Situation, in der der tschechische Widerstand anschwoll und die Deutschen den Druck und Terror verstärkten, hat er sich anscheinend durch seine simulierte Krankheit entzogen. Ende Juni 1943 musste er Reichenberg offensichtlich verlassen und wurde eingezogen. Es ist denkbar, dass ihn seine Verbindungen zur Abwehr bei der Gestapo in Schwierigkeiten gebracht haben. Er könnte sich auch durch Kontakte zu Regimekritikern wie der Sozialdemokratin Maria Zeisler verdächtig gemacht ha-

ben - oder durch seine Zusammenarbeit mit einem Doppelagenten, auf den ich auch in den Papieren über die Entnazifizierung stoße...

Meine Anfrage im Staatlichen Gebietsarchiv Litomerice/Leitmeritz erbringt keine neuen Erkenntnisse. Dort sind nur wenige Akten über die Gestapo erhalten, nichts über den gefragten Zeitraum, nichts über Richard Montag. Ich werde auf das Nationalarchiv in Prag verwiesen. Auch von dort kommt später eine abschlägige Antwort. Aber in Prag gibt es noch eine weitere Möglichkeit für die Recherche, das Archiv „Na Struze", das Archiv der Geheimdienste. Dort müsste ich fündig werden, meint ein Historiker, der dort schon geforscht hat und auf Osteuropa spezialisiert ist. Also eine erneute Archivanfrage: Gibt es Unterlagen über die Gestapo, findet sich dort der Name Richard Montag – leider Fehlanzeige.

Literatur:

Bundeszentrale für politische Bildung (Hg.): Demokratisierung durch Entnazifizierung und Erziehung, Informationen zur politischen bildung, Heft 235, Bonn 2005

Oldrich Sladeck, Standrecht und Standgericht. Die Gestapo in Böhmen und Mähren, in: Gerhard Paul/Klaus-Michael Mallmann, die Gestapo im Zweiten Weltkrieg, Darmstadt 200, S. 317 – 339

Carsten Dams/Michael Stolle, Die Gestapo, München 2012

Rudolf Ströbinger, A 54. Spion mit drei Gesichtern, München 1965

Rudolf Ströbinger, Die unheimliche Jagd. Der Kampf der Geheimdienste, Landshut 1977

Schaltstelle Dresden

Nachdem ich die einschlägige Literatur über Gestapo und Abwehr gelesen hatte, war mir klar geworden, dass in Dresden spätestens seit 1938 sehr viele Fäden zusammen liefen, die in die Tschechoslowakei und nach Polen führten. Nach Gert Buchheit, einem Kenner der Abwehr mit einer gewissen eigenen Geheimdiensterfahrung, war Polen schon vor 1933 ein Schwerpunkt der Arbeit der Abwehr gewesen. Sie versuchte, den Aufbau der Armee zu beobachten und Auskunftsquellen zum Beispiel auch im polnischen Offizierskorps zu erschließen, Mitarbeiter anzuwerben, Rüstungsbetriebe und Verkehrsknotenpunkte auszukundschaften, Kenntnisse über den Geheimdienst in Erfahrung zu bringen. Zuständig dafür war das Amt Ausland/Abwehr, das sieben Abwehrstellen einrichtete, darunter die Abwehrstelle I Königsberg, die in Richtung Osten spionierte, und die Abwehrstelle IV Dresden, die für Polen und die Tschechoslowakei zuständig war.

Dresden war offensichtlich nicht irgendein Standort, es war eine wichtige Schaltstelle für die Expansion nach Osten und zugleich wie ein überschaubares Labor, in dem die künftigen Strategien entwickelt wurden. Es war Ausgangspunkt für die Erkundung und das spätere Eindringen in das Sudetenland, die Tschechoslowakei und nach Polen. Gestapo-Führer Werner Best war ein Vertrauter von Heinz Jost, dem Leiter der Abwehrgruppe IV Dresden. Sie machten die Pläne für den Einmarsch in der Tschechoslowakei. Best versicherte sich wiederholt der Informationen, die er in Dresden bekam, um das Konzept für die Einsatzgruppen zu entwerfen. Von Dresden aus wurde auch die Spionagearbeit in Prag gesteuert. Bei der Besetzung der „Rest-Tschechei" hat die Einsatzgruppe Dresden eine entscheidende Rolle gespielt, sie ist mit der

Wehrmacht einmarschiert. Um herauszufinden, welche Aufgaben mein Vater bei der Abwehrstelle Dresden hatte, stelle ich eine Anfrage beim Sächsischen Staatsarchiv. Am 19. Januar 2011 kommt die Antwort:
„In unserem Haus bewahren wir einige Unterlagen des Polizeipräsidiums Dresden auf.... Kriegsbedingt weist dieser Bestand größere Überlieferungslücken auf, Personalakten und Akten zu Personalsachen sind nicht überliefert. Von der Geheimen Staatspolizei bewahren wir keine Unterlagen auf. Eine Recherche in unseren Personalaktenbeständen und in unserem Archivprogramm verlief ebenfalls ergebnislos."

Bei einem Telefongespräch mit dem Archivar erfahre ich, dass die meisten Akten gerade auf Lastwagen verladen worden waren und im Hof standen, als der Angriff auf Dresden begann. Fast alles sei verbrannt, deshalb seien kaum Archivbestände vorhanden. Später taucht im Sächsischen Staatsarchiv der Name meines Vaters doch noch in einer Akte der Politischen Polizei vermutlich aus dem Jahr 1937 auf. Mehr als Name, Geburtstag, Dienstgrad und die laufende Nummer 12 ist nicht erfasst. Er sei der Jüngste auf der Liste, schreibt der Archiv-Sachbearbeiter dazu. 25 Jahre war mein Vater zu diesem Zeitpunkt alt.

Vom zeitlichen Ablauf her kann er verwickelt gewesen sein in die Aktionen der Abwehr zum „Anschluss des Sudetenlandes" im Jahr 38 und zur sogenannten „Zerschlagung der Rest-Tschechei", denn ab Juli 38 war er bei der Abwehr. Er lebte und arbeitete zunächst in Dresden, ab der Jahreswende 38/39 bis April 39 in Böhmisch Leipa. Da die Abwehrstelle IV Dresden zuständig war für die Tschechoslowakei, ist es sehr wahrscheinlich, dass er an beidem beteiligt war. Außerdem kann damals schon eine Begegnung mit Dr. Werner Best stattgefunden haben, der mit Heinz Jost von der Abwehrstelle IV in Dresden in Kontakt stand. In Dresden war auch Abwehrchef Wilhelm Canaris mehrfach aufgetaucht, um dafür zu sorgen, dass die Spionage gegenüber der Tschechoslowakei intensiviert wurde. Gleich nach dem Einmarsch kam er nach Prag und besuchte die neue Abwehrstelle. Dort dürfte seit dem 15. März 1939, dem Tag des Einmarsches, mein Vater tätig gewesen sein. Um diese Zeit wurde Dr. Dr. Emil Rasch Chef des Sicherheitsdienstes in Prag, der bei Kriegsbeginn in Polen eine schlimme Rolle spielte. Raschs Weg führte von Dresden über Prag nach Königsberg, alles Stationen, an denen mein Vater etwa zur gleichen Zeit war. Am 15. März 1939 kam auch ein anderer Mann nach Prag, den mein Vater schon aus Dresden kannte: Dr. Paul Steinberg alias Paul Thümmel, der ihn im Polizeipräsidium bzw. bei der Abwehr eingearbeitet hatte. Möglicherweise kannten sich die beiden schon von früher. Ende 1938 war Thümmel in Böhmisch-Leipa gewesen – wie mein Vater.

In Dresden liefen viele Fäden zusammen...

Mein Vater und der Doppelagent

„Im Jahre 1942 erhielt ich vertraulich davon Kenntnis, dass ein früherer Mitarbeiter der Abwehrstelle IV, Dresden, der mich im Jahre 1938 in meine Tätigkeit eingeführt hatte, von der Geheimen Staatspolizei in Prag wegen angebl. Landesverrats verhaftet worden ist. Es handelt sich um den aus Neuhausen/Erzgeb. stammenden Paul T h ü m m e l, der als Major für die deutsche Abwehr tätig war, und in Prag unter dem Namen Dr. S t e i n b e r g arbeitete." So beginnt ein ausführlicher Absatz der Stellungnahme für die Entnazifizierung über den Doppelagenten, zu dem mein Vater lange und offensichtlich enge Beziehungen pflegte.

Er habe einen früheren Vorgesetzten in Norwegen angeschrieben, um mehr herauszufinden. Er habe versucht, Steinberg vom Prager Telefon seines Bekannten Emil Lode anrufen und die Auskunft bekommen, Steinberg und seine Frau seien verreist. Unmittelbar danach habe sich bei Lode die Gestapo gemeldet und wissen wollen, wer der Anrufer gewesen sei. Als mein Vater das Haus verlassen habe, sei er vorläufig festgenommen worden. Man habe ihn des Landesverrats und der Vorbereitung zum Hochverrat verdächtigt und mehrere Stunden verhört. *„Insbesondere wurde mir meine Verbindung zu Steinberg vorgehalten, mit dem ich seit mehreren Jahren in freundschaftlichen Beziehungen stand. Auch der nach Norwegen gerichtete Brief an Major Novak befand sich in Fotokopie bei den Akten und wurde mir vorgehalten."* Im Internet finde ich tatsächlich einen Oberstleutnant Johannes Nowak, der sich zu dieser Zeit in Norwegen aufhielt. Er war von Juli 1940 bis November 1942 Leiter der Abwehrstelle Oslo. *„Mir war bereits seit 1938 bekannt, dass Steinberg mit Admiral Canaris persönlich bekannt war und seine Aufträge z. Teil von diesem direkt erhielt. Ich wusste davon,*

da ich 1938 ihn während seines Urlaubs vertreten habe.
Auch war mir aus Gesprächen, die ich im Sommer 1941
in Prag mit ihm führte, bekannt, dass er von Canaris mit
besonderen Auslandsaufträgen betraut wurde."

Mein Vater berichtet, dass Personen, die privat oder be-
ruflich mit Steinberg in Kontakt standen, massive Probleme bekommen hätten. Einige seien entlassen oder verhaftet und ins KZ eingewiesen worden, Offiziere habe
man degradiert oder zu einer Strafeinheit versetzt. Nach
den Verhören sei ihm klar gewesen, dass seine Post kontrolliert worden war. Mein Vater konnte seinen Kopf aus
der Schlinge ziehen, sah sich aber offensichtlich durch die
Enttarnung von Dr. Paul Steinberg/Paul Thümmel in Gefahr. Er erklärt sich das Durchgreifen der Gestapo damit,
dass Himmler als Gegenspieler von Canaris der Tätigkeit
der späteren Widerstandsbewegung auf der Spur gewesen
sei. *„Durch die Sache Steinberg wurde die Aufmerksamkeit*
der Staatspolizei in besonderem Masse auf mich gerichtet,
da man wohl glaubte, die Hintermänner u. die näheren
Umstände durch Überwachungsmassnahmen feststellen
zu können u. im übrigen durch meine lange Bekanntschaft
mit Steinberg annahm, dass ich an diesen Dingen beteiligt
war".

Ein Spionage-Krimi, spannende Abenteuer-Geschich-
ten eines Mannes, der gerne fabulierte und Entlastungs-
argumente suchte? Das war meine Reaktion. Ich konnte
mir nicht vorstellen, dass sich diese Angaben auch nur
ansatzweise verifizieren lassen würden. Halbherzig gebe
ich die Namen im Internet ein und erlebe eine Überraschung. Die Recherche ergibt: Paul Thümmel alias Dr.
Paul Steinberg alias A 54 war ein hoher Abwehr-Mann,
ein guter Bekannter von Heinrich Himmler, ein Doppel-

agent, der auch für die Tschechen und die tschechische Exilregierung in London spioniert hat. Ich finde eine Serie über ihn im Magazin ‚stern‘ und später auch noch ein deutschsprachiges Buch aus dem Jahr 1966. Wie eng waren die Kontakte meines Vaters zu dem berühmten Doppelagenten? Wie weit ging die Zusammenarbeit? War auch mein Vater ein Agent, der sich auf beiden Seiten bewegte und betätigte?

Wer war A 54 ?

„Der Spion, der Himmler duzte" - so lautet die Überschrift des Artikels, den mir die Redaktion des „Stern" auf
meine Anfrage zuschickt. Er ist erschienen in der Nummer 25 in der Reihe „Die großen Spione", die das Magazin 1966 veröffentlichte. Der Spion, der Himmler duzte,
das ist Paul Thümmel, der Mann, mit dem mein Vater
nach eigenen Angaben, in Dresden und in Prag längere
Zeit zusammengearbeitet hat. Paul Thümmel ist noch ein
weiterer Teil der Serie gewidmet: *„Für Geld und Frauen
machte er alles."* Paul Thümmel, der heute in Deutschland
kaum mehr bekannt ist, war Mitte der 60iger Jahre ein
großes Thema. Ich entdecke einen Artikel aus dem Nachrichtenmagazin ‚Der Spiegel' vom 28. März 1966 und finde schließlich auch noch einen Bericht aus der Wochen-
zeitung ‚Die Zeit' vom 2. Oktober 1964 mit dem Titel *„A
54 – der unbekannte Meisterspion aus Prag. Rekonstruiert
aus tschechischen Archiven: das Wirken des bestbezahlten
Doppelagenten im Zweiten Weltkrieg "*. Die Geschichten
gehen zurück auf ein Buch des tschechoslowakischen
Journalisten und Historikers Rudolf Ströbinger, das 1966
auf deutsch erschienen ist.

Die Story vom Top-Spion liest sich, als wäre sie erfun-
den. Doch der Politkrimi geschah in Wirklichkeit. Paul
Thümmel, Bäckergeselle aus Neuhausen im Erzgebirge,
gehörte schon 1927 zu den Gründern einer NSDAP-Orts-
gruppe in Neuhausen. Bei dieser Gelegenheit hat er wohl
Heinrich Himmler kennengelernt, der im Hause Thümmel übernachtete. Seitdem sollen die beiden befreundet
gewesen sein. Anfang 1933 erhielt Thümmel das Goldene
Parteiabzeichen. In den frühen 30iger Jahren wurde er
Mitarbeiter bei der Abwehrstelle in Dresden, dort arbeitete er sich vom freien Mitarbeiter zum Hauptvertrauens-

mann der Abwehrstelle IV hoch. Er leitete eine Abteilung, die Kontakte zu Minderheiten aufbaute, die Energieversorgung, Straßen- und Bahnverbindungen und kriegswichtige Objekte ausspähte und Sabotageakte gegen die Tschechoslowakei plante.

1936 diente sich der deutsche Abwehr-Mann zudem dem tschechischen Geheimdienst an, der wiederum mit den Briten paktierte. Thümmel wird geschildert als Frauenheld, der gerne auf großem Fuß lebte. Geld wird als Motiv für sein Doppelleben vermutet, es ist unbekannt, ob er darüber hinaus politische Beweggründe für sein doppeltes Spiel hatte. Thümmel firmierte und agierte unter zahllosen Decknamen: A 54, Voral, Bär, Holm, René, Franta....

Laut Ströbinger hat Thümmel den Tschechen als erstes Informationen über die Organisationsstrukturen des Nachrichtendienstes und der Gestapo in Dresden geliefert. Er berichtete über das Agentennetz der Deutschen in der Tschechoslowakei und nannte geheime Waffenlager. Schließlich verriet Thümmel den Tschechen, dass die Deutschen am 15. März 1939 in Prag einmarschieren und damit die Tschechoslowakei endgültig zerschlagen würde. Er gab dadurch einer Reihe von hochrangigen tschechischen Agenten Gelegenheit, gerade noch rechtzeitig nach London auszufliegen und geheime Akten fortzuschaffen. Unter dem Decknamen Dr. Paul Steinberg kam er am 15. März nach Prag, dort leitete er die neu eingerichtete Dienststelle der Abwehr. Den Deutschen galt er als einer der wichtigsten Agenten im Kampf gegen die tschechische Widerstandsbewegung.

Im Herbst 1939 war Thümmel laut Ströbinger vorübergehend offiziell zur Abwehrstelle Münster abgestellt, wo er holländisches Gebiet auskundschaften sollte. Von dort reiste er mehrmals nach Den Haag, zu dieser Zeit ein Umschlagplatz für den tschechischen und britischen Geheimdienst. In Tarnfirmen traf er Kontaktleute, an die er geheime Erkenntnisse weiter gab. Thümmel/Steinberg meldete dem tschechischen Geheimdienst und damit auch den Briten vorab, welche Kriegszüge die Deutschen planten. Er verriet, wann die deutschen Truppen in Polen einmarschieren würden, er kündigte den Beginn des Rußlandfeldzuges an und wusste vorher Bescheid über den Einmarsch in Holland und in Jugoslawien...

Der Gestapo blieb jedoch auf Dauer nicht verborgen, dass es einen gut informierten Spion in Prag gab. Fieberhaft wurde nach „dem Verräter X" gefahndet. Zum Verhängnis wurde Thümmel die Aussage der zwei britischen Nachrichtenoffiziere Payne Best und Richard Stevens, die von einem Überfallkommando zur deutsch-holländischen Grenze bei Venlo gelockt und dann nach Deutschland entführt worden waren. Sie hatten ausgesagt, sie hätten in Den Haag einen hochrangigen deutschen Agenten getroffen. Die Nachforschung ergab, dass Thümmel um diese Zeit dort gewesen war. Am 13. Oktober 1941 wurde Paul Thümmel alias Dr. Paul Steinberg in Prag verhaftet, kam aber auf Intervention von höchster Stelle – angeblich von Abwehrchef Wilhelm Canaris – wieder frei. Am 22. Februar 1942 wurde Thümmel erneut festgenommen, angeblich soll er damals schon gestanden haben. Laut Ströbinger sei er nur deshalb wieder entlassen worden, weil die Gestapo hoffte, so noch an Vaclav Moravek, den höchsten tschechischen Agenten, heranzukommen. Dies misslang, Moravek wurde auf der Flucht angeschossen. Ob er bei dem Schusswechsel getötet wurde oder Selbstmord beging, darüber gibt es unterschiedliche Thesen.

Am 22. März 1942 wurde Paul Thümmel zum dritten Mal verhaftet. Der Chef der Sicherheitspolizei in Den Haag ließ gleichzeitig Thümmels Kontaktleute in Holland festnehmen. Das Ehepaar Jelinek wurde später zum Tod verurteilt und in Dresden hingerichtet. Thümmel wurde in die Kleine Festung Theresienstadt gebracht. Dort blieb er für zwei Jahre unter falschem Namen inhaftiert. Er überlebte sogar die Zeit um den 20. Juli 1944, als nach dem Attentat auf Adolf Hitler die Kreise des Widerstandes zerschlagen wurden und viele der Verschwörer und mutmaßliche Anhänger hingerichtet wurden. Als Thümmels Mutter im August 1944 in einem Brief an Polizeichef Himmler darum bat, ihren Sohn freizulassen, bekam sie zur Antwort, ihr Sohn werde *„wegen seines landesverräterischen Verhaltens dem Reichskriegsgericht zur Aburteilung überstellt".* Ob ihn jemand schützte oder ob seine Enttarnung gegen den Abwehrchef Wilhelm Canaris verwendet werden sollte, darüber gibt es nur Spekulationen. Canaris wurde am 9. April 1945 im Konzentrationslager Flossenbürg hingerichtet. Paul Thümmel alias Peter Toman wurde am 20. April 1945 von SS-Wachmannschaften in der Kleinen Festung Theresienstadt erschossen.

Letzte Klarheit über die Rolle und das Ende von Paul Thümmel gibt es allerdings bis heute nicht. In Deutschland ist er in Vergessenheit geraten und offensichtlich nicht mehr interessant. In Tschechien ist viel geforscht worden. Bis Mitte der 60er Jahre wurde Thümmel dort als Meisterspion geschätzt, der den Gegnern Hitlers gute Dienste geleistet hatte. Inzwischen gibt es viele kritische Untersuchungen, die diesen Mythos hinterfragen und Indizien dafür liefern, dass Thümmel auch nach seiner Verpflichtung für den tschechischen Geheimdienst als Mann der deutschen Abwehr der Sache der Nazis diente. Die Figur Thümmels ist ambivalent und bis heute von Geheimnis umwittert. In der tschechischen Literatur werden sogar Zweifel daran geäußert, dass er wirklich in Theresienstadt hingerichtet wurde.

Meine erste Anfrage beim Sächsischen Staatsarchiv hatte zwar keine Erkenntnisse über meinen Vater erbracht, im Anhang bekam ich aber ein anderes interessantes Dokument aus Dresden: die Kopie einer Fahndungsmeldung des Kriminalamtes Chemnitz vom 31. Januar 1947. Darin wird gesucht: Paul Thümmel - wegen „Verbrechen gegen die Menschlichkeit".

„Thümmel war Berufsspion für die Abwehrstelle IV im Wehrkreiskommando Dresden und war hauptsächlich im Grenzabschnitt Chemnitz eingesetzt. Während des Krieges war er in Prag stationiert und 1941 wegen dem Verdacht, ein doppeltes Spiel getrieben zu haben, von der Gestapo verhaftet und war bis Kriegsende im Kz Theresienstadt. ...Die Ermittlungen über den Aufenthalt von Thümmel sind bis jetzt negativ verlaufen."

Welche Haltung stand hinter dieser so nachlässig formulierten Fahndungsmeldung, in der es in der Rubrik NS-Zugehörigkeit heißt: „unbekannt". Worauf fußt der Vorwurf „Verbrechen gegen die Menschlichkeit"? Was hatte das alles zu bedeuten? Hatten die Behörden in der damaligen Sowjetisch Besetzten Zone keine Kenntnis, dass Thümmel am 20. April 1945 hingerichtet worden war? Oder bestanden womöglich Zweifel an seinem Tod?

Aus den Entnazifizierungsakten ergibt sich, dass mein Vater schon im Jahr 1947 gut Bescheid wusste. Thümmel sei von einem Gefängnis ins andere verlegt und schließlich unter falschem Namen nach Theresienstadt gebracht worden. Er nimmt an, damit sollte verhindert werden, dass ihn seine militärischen Vorgesetzten, sprich die Abwehr und Wilhelm Canaris, befreien würden. Erstaunlicherweise hat es mein Vater im Chaos der Nachkriegszeit geschafft, Thümmels Mutter zu kontaktieren. Von ihr will er erfahren haben, dass ihr Sohn 1945 in Theresienstadt hingerichtet worden sei. „*Aufgrund meiner Zusammen-arbeit mit Steinberg und meinen persönlichen Unterhal-tungen kann der Grund für seine Beseitigung nur darin zu suchen sein, dass er dem Widerstandskreis um Canaris angehörte, der dann nach den Vorkommnissen des 20. Juli 1944 zerschlagen wurde.*" Es muss schon eine recht enge Verbindung gewesen sein zwischen Paul Thümmel und Richard Montag.

Zweifellos haben sich mein Vater und und der Doppel-agent Paul Thümmel gut und lange gekannt. Er wurde von Thümmel in Dresden bei der Abwehrstelle IV ein-gearbeitet, er hat ihn zeitweise vertreten, er war wie mein Vater unterwegs in Böhmisch-Leipa. Beide waren am 15. März 1939 beim Einmarsch der Deutschen in Prag, wo-möglich trafen sie sich in der neu eingerichteten Abwehr-stelle. Mein Vater hat sich bei einem Abwehrkollegen in Norwegen erkundigt. Er hat am Tag der Verhaftung bei Paul Thümmel anzurufen versucht, weil er etwas läuten gehört hatte. Wie weit ging die Zusammenarbeit mit dem Spion? Ich hatte ja früher schon die Vermutung gehabt, dass mein Vater Doppelagent war. Einige Indizien weisen darauf hin, seine eigenen Äußerungen sprechen dafür....

Im März 1942 ist der Doppelagent Thümmel/Steinberg aufgeflogen, mit dem mein Vater langjährige Kontakte ge-pflegt hatte. Zu dieser Zeit war mein Vater bereits auf Dis-tanz zur Gestapo gegangen. Er war seit einem Dreiviertel Jahr krank geschrieben, dennoch versuchte er, Kontakt zu Thümmel aufzunehmen und herauszufinden, wie es um ihn stand. Gab es einen Zusammenhang zwischen der Krankheit meines Vaters und seiner brisanter werdenden Situation als Mann der Abwehr in der Gestapo? Was sind die Gründe für die Schikanen, denen mein Vater und die Familie ausgesetzt waren? Hatte er sich eingesetzt für Leute, die verfolgt und vor Gericht gestellt wurden, die er von seiner Arbeit bei der Abwehr her kannte? Hatte er sich verdächtig gemacht, weil er in Berührung stand mit Leuten aus dem Widerstand? Wie eng war die Zusammenarbeit mit dem Doppelagenten Dr. Paul Steinberg/ Paul Thümmel? War mein Vater womöglich auch Diener zweier Herren?

Es muss jedenfalls etwas Schwerwiegendes gegen ihn vorgelegen haben, das ihn in Gefahr brachte, denn ab Sommer 1943 nahm das Leben meines Vaters eine Wendung. Ende Juni 1943 wurde er zur Wehrmacht eingezogen. Er selbst gibt an, dass seine Abstellung zu „einem besonderen Truppenteil" - also zu einer Bewährungseinheit - gefordert worden sei. Er habe erreicht, dass er zu einer Abwehrgruppe im Fronteinsatz an der Südostfront kam. Doch: *„Nach kurzer Zeit forderte die Geheime Staatspolizei erneut meine Abstellung zu einer Bewährungseinheit, da meine Rückkehr aus politischen Gründen unerwünscht sei. Diesem Ansuchen wurde jedoch von meinen Vorgesetzten nicht stattgegeben, da diese selbst zum Widerstandskreis gehörten und mich schon aus meiner früheren Tätigkeit bei der Abwehr her kannten."* Er sei dann bis Kriegsende im Fronteinsatz gewesen und schwer verwundet worden.

Wurde er tatsächlich zur Wehrmacht eingezogen, um nicht mehr wiederzukehren? Wann und wo ist er verwundet worden? In den Entnazifizierungsakten habe ich ein Schreiben vom August 1948 gefunden, in dem er darauf hinweist, dass er Ausgewiesener und „Schwerversehrter mit 80 %" sei. Während seiner monatelangen Internierung sei er ständig in ärztlicher Behandlung durch deutsche und amerikanische Ärzte gewesen. *„Aufgrund meiner erlittenen Verwundungen, die mir in der Hauptsache erst nach der Abstellung an die Front im Jahre 1943 – auf Befehl der Gestapo – zugefügt wurden, befinde ich mich bis zum heutigen Tage seit der Entlassung aus amerikani-*

schen Lazaretten fortdauernd in ärztlicher Behandlung und kann nur zeitweise leichteste Arbeiten durchführen." Wieso sollten ihm Gestapo-Leute nach dem Leben getrachtet haben? Mehr steht darüber nicht, nichts über die Umstände der Verletzung, nichts über die Hintergründe, nichts über die Motive für einen derartigen Gestapo-Befehl. Was war zwischen Juli 1943 und dem Kriegsende bei der Wehrmacht passiert? Wie war er zu seiner Kopfverletzung gekommen? Warum sollten Gestapoleute einen Anschlag auf ihn verübt haben?

Literatur:
,stern' Nr. 25 und Nr. 26/1966
,Die Zeit', 2. 10. 1964
,Der Spiegel', 28. 3. 1966
Rudolf Ströbinger, A 54. Spion mit drei Gesichtern, München 1966
Rudolf Ströbinger, Die unheimliche Jagd. Der Kampf der Geheimdienste,
Landshut 1977

Kriminalamt Chemnitz

(Absendende Behörde)

Fernsprechnummer: 3 45 51

Tgb.-Nr.:

Che nitz , am 27.1. 194 7

Zuständige Kriminalpolizeistelle

Meldung Nr. 1 Eingegangen den 8 Feb 19

A. Bekannter Täter. Beantwortet den

Der unrandete Teil ist von der KP.-Stelle auszufüllen.

Klasse — liegt auch unter Klasse — Jahreszahl

Straftat: Verbrechen gegen die Menschlichkeit.

1. Name und Vornamen (Rufnamen unterstreichen): Thümmel,Paul

2. Beruf: ./. 3. Geburtstag: 15.1.1902.

4. Geburtsort: Neuhausen/Erzg. Kreis: Marienberg/Erzg.

5. Familienstand: geschieden 6. Staatsangehörigkeit: Deutscher
(ledig, verheiratet, verwitwet, geschieden)

7. Glaubensbekenntnis: ./. 8. ??? NS.Zugehörigkeit"unbekannt"
(auch früheres)

9. Eltern und deren Wohnort: Bäckermeister Thümmel,Neuhausen/erzg.

10. Wesentliche Vorstrafen: unbekannt.

Personenbeschreibung:

1. Scheinbares Alter: 7. Bart:

2. Größe: 8. Augen:

3. Gestalt: 9. Nase:

4. Gesichtsform: 10. Ohren:

5. Gesichtsfarbe: 11. Zähne:

6. Haare: 12. Mundart:

Sichtbare Kennzeichen und Kleidung:

Spitz- oder beigelegter Name:
(Zutreffendes unterstreichen)

Letzte bekannte Wohnung oder Aufenthalt:

Ist der Täter festgenommen? nein Wann? Wo?

In welches Gerichtsgefängnis eingeliefert?

Seit wann befand sich der Festgenommene auf freiem Fuß?

Wo hat er sich in dieser Zeit nachweislich aufgehalten?

Tatgenossen?

Name, Nr. des Lichtbilder, Fingerabdrucks, Beschreibung und sonstige Personalien (welche?) sind vor handen, nicht ??? (Nichtzutreffendes durchstreichen).

Wo sind sie verblieben? beibefugt.

Beschreibung der Arbeitsweise des Verbrechers.

1. Tatzeit*) (Tag und Stunde):

2. Tatort*):

3. Geschädigter:

*) Hier sind Besonderheiten zu vermerken, z. B. Sonntagnachmittag, alleinstehen

DIN A 4
0×297 mm
Vordruck
[KP.] 13

Die Fahndungsmeldung des Kriminalamtes Chemnitz nach Paul Thümmel vom 31. Januar 1947. Quelle: Sächsisches Staatsarchiv Dresden.

4. Art der Vorbereitungen:

5. Verwendete Werkzeuge: — Sichergestellt?

6. Technische Fertigkeiten und Eigenarten:

7. Angewandte Kniffe:

8. Persönliche oder sachliche Vorspiegelungen (Decknamen):

9. Bevorzugung bestimmter Gegenstände:

10. Bevorzugung bestimmter Örtlichkeiten und Gelegenheiten:

11. Verwertung des angeeigneten Gutes:

12. Tatgenossen, Begünstiger, Hehler:

13. a) Ist der Täter zu den reisenden Verbrechern zu rechnen? Wenn ja, warum? ....

....

b) Ist er zu den internationalen Verbrechern zu rechnen? Warum? ....

....

14. Sonst Bemerkenswertes und kurze zusammenhängende Schilderung der Tatausführungen (gestohlene Sachen, verursachter Schaden):

Thümmel war Berufsspion für die Abwehrstelle IV im Wehrkreiskommando Dresden und war hauptsächlich für den Grenzabschnitt
Chemnitz eingesetzt.Während des Krieges war er in Prag stationiert
und 1941 wegen dem Verdacht,ein doppeltes Spiel getrieben zu
haben,von der Gestapo verhaftet und war bis Kriegsende im Kz.
Theresienstadt.
Seine Eltern wohnen in Neustadt/Erzg. und sein Onkel der
Tischlermeister Hugo Thümmel in Radebeul bei Dresden, Meißnerstr.
108.Die Ermittlungen über den Aufenthalt von Thümmel sind bis
jetzt negativ verlaufen.

Statistisch erfasst;bei Fachabteilung VI.

31.1.47

eben im „Deutschen Kriminalpolizeiblatt" ist — nicht — veranlaßt (Nichtzutreffendes streichen).

zeige abgegeben am 27.1.47 an .... zu Aktenzeichen KS.

An die Staat x Kriminalpolizei
Kriminalpolizei xxx leit xxx stelle
An das x Reichskriminalpolizeiamt

Entsendung von Beamten wird — nicht — beantragt. Nächste
Eisenbahnstation ist ....

in   Dresden.

Krim. Ob. Schm.
(Unterschrift)

Unerwartete Auskünfte

„Dichtung, Wahrheit und ein Welterfolg" - so laute-
te der Untertitel der Sendung über die Entstehung von
Joseph Martin Bauers Roman „So weit die Füße tragen",
die ich 2010 produzierte. Der Autor hatte die Angaben
des Mannes, auf dem der Roman basierte, durch Anfragen bei Archiven und Interviews mit Historikern minu-
tiös auf ihre Plausibilität überprüft. Er brachte mich auf
die Idee, nicht nur nach den Entnazifizierungsakten zu
suchen, sondern auch eine weitere historische Quelle
für meine Recherchen anzuzapfen. Am 4. 3. 2011 teilt
die Deutsche Dienststelle (für die Benachrichtigung der
nächsten Angehörigen von Gefallenen der ehemaligen
deutschen Wehrmacht), kurz WASt, in Berlin mit, „dass
die Personalpapiere (Wehrpass, Wehrstammbuch, Stamm-
rolle) Ihres Vaters hier nicht vorliegen; sie sind vermutlich
durch Kriegseinwirkung verloren gegangen". Das, was sich
„aus sonstigem Schriftgut der ehemaligen Wehrmacht"
ergibt, enthält aber über drei seiner Lebensabschnitte
neue, überraschende Informationen.

Das beginnt mit der Dienstzeit bei der Wehrmacht: Danach war mein Vater zunächst vom 25. 6. 1943 bis 2. 7.
1943 bei der Panzer-Ausbildungsabteilung 18 in Kamenz/
Sachsen, vom 5. 7. 1943 bis 11.7. 1943 bei der 3. Marschkompanie des Panzer-Grenadier-Ausbildungs-Bataillon
108 in Dresden-Waldheim, dann vom 9. 8.1943 bis 9. 2.
1944 bei der Panzer-Grenadier-Ersatz- und Ausbildungs-
abteilung 108.

Er war also anscheinend Anfang Juli in Dresden. Dies
stimmt überein mit der Information, die ich später aus
der Staatlichen Kreisarchiv in Reichenberg/Liberec bekommen sollte. Mein Bruder ist am 5. Juli 1943 in Reichenberg geboren. Und das ist nicht weit von Dresden

entfernt. Warum konnte der Vater nicht zur Geburt seines Sohnes fahren? Dieser zeitliche Zusammenhang spricht dafür, dass er damals wirklich in ernsthaften Schwierigkeiten und in Gefahr war.

Geheimnisvolles Holland

Noch eine andere Angabe von WASt hat mich schockiert. Laut Meldung vom 21. 7. 1941 sei mein Vater „Befehlshaber der Sicherheitspolizei in Den Haag" gewesen. Ein Blick ins Internet zeigt mir die Liste aller Befehlshaber. Der Name Richard Montag kommt nirgendwo vor. Für diese Position wäre sein Rang als Unteroffizier auch zu niedrig gewesen. Was hat es mit Den Haag auf sich? Gab es hier irgendwelche Verbindungen zu seinem Bekannten Paul Thümmel, dem Doppelagenten, der regelmäßig konspirative Büros in Den Haag aufgesucht hatte?

Wieder einmal fahnde ich in einer Ausstellung nach möglichen Spuren meines Vaters. Im Mai 2011 sehe ich mir im Deutschen Historischen Museum in Berlin die Ausstellung „Ordnung und Vernichtung. Die Polizei im NS-Staat" an. Fündig werde ich nicht, aber ich stoße auf die Deutsche Hochschule der Polizei in Münster, die die Recherchen dafür gemacht hat. Dort gibt es die Villa ten Hompel, in der NS-Zeit Sitz der Ordnungspolizei, Organisationsstelle für Deportationen und die Zusammenstellung von Polizeibataillonen, die zum Morden nach Osten geschickt wurden. Heute ist die Villa ten Hompel Museum, Forschungsstelle, Lernort.

In der dortigen Datenbank findet sich nichts über meinen Vater. Für meine weiteren Recherchen bekomme ich eine ausführliche Literaturliste, die ich später nach und nach abarbeiten werde. Als ich telefonisch bei einem der Wissenschaftler in der Villa ten Hompel nachfrage, vermutet dieser, dass es sich womöglich bei der Angabe, mein Vater sei bei der Sicherheitspolizei in Den Haag gewesen, um einen Irrtum handele. Er gibt mir den Tipp, bei NIOD, dem Niederländischen Institut für Kriegsdokumentation, zu recherchieren.

Am 11. November 2011 kommt die Antwort auf meine Anfrage: Es ist ein Indiz dafür gefunden worden, dass sich mein Vater während des Zweiten Weltkrieges in den Niederlanden aufgehalten hat. Beweis ist die Kopie der Karteikarte von NIOD, die an der Mail angehängt ist. Darauf ist festgehalten: *„Kriminalassistent. 7. 7. 41 bis 14.11. 41 zum BdS abgeordnet gewesen"*. Also nicht Befehlshaber, sondern Kriminalassistent beim Befehlshaber des Sicherheitspolizei und des SD. Es gebe keine Informationen darüber, was er in dieser Zeit genau getan habe. Darüber bekomme ich auch beim Nationalarchiv und beim Gemeentearchiv in Den Haag nichts heraus.

Ich hatte nie etwas davon gehört, dass mein Vater in Den Haag gewesen sein sollte. Allerdings hatte er mal erzählt, er sei beim Baden in der Nordsee von englischen Tieffliegern beschossen worden. An diese Geschichte können sich auch meine große Schwester und mein jüngster Bruder erinnern. Noch ein Hinweis auf Holland? Stammt die Kopfverletzung womöglich daher? Aber in dem Zeitraum, der auf der Karteikarte aus Den Haag angegeben ist, soll er doch krank gewesen sein und sogar Patient im SS-Krankenhaus Hohenlychen? Das passt nicht zusammen. Vielleicht doch, meint der Historiker, den ich um Rat frage, bei Abwehr sei Täuschung ja an der Tagesordnung gewesen...War mein Vater in der Zeit, in der er sich bei der Gestapo krank gemeldet hatte, womöglich für die Abwehr in Holland?

Hintergrund: Holland

Im Mai 1940 fielen die Deutschen in den Niederlanden ein. Zunächst versuchten die Besatzer die Holländer durch eine entgegenkommende Politik auf ihre Seite zu ziehen. Die niederländische Polizei kooperierte anfangs

mit den Deutschen und half, Gegner der Nazis aufzuspüren. Das Jahr 1941 brachte eine Zäsur. Es fanden erste Razzien und Festnahmen statt, jüdische Bürger wurden deportiert. Die Proteste der Bevölkerung nahmen zu. Eine Streikaktion folgte auf die andere. Nach dem Generalstreik von Ende Februar 1941 wurde der Ausnahmezustand verhängt. Die Deutschen gingen brutal gegen den Widerstand vor. Am 13. März wurden 18 Streikende hingerichtet. Mit einer Vielzahl von Verordnungen legten die Besatzer die Basis für weitere massive Repressionsmaßnahmen. Nach dem Beginn des Russlandfeldzugs im Juni 41 wurden vor allem Kommunisten ins Visier genommen. 1942 begannen die systematischen und massenhaften Deportationen von Juden.

Der deutsche Einmarsch in Holland hatte zunächst dem englischen Geheimdienst die Basis geraubt, der seinen Schwerpunkt in Den Haag gehabt hatte. Von dort aus hatten die Engländer die Lage in Deutschland beobachtet und Spionage betrieben. Im August 1940 hatte Wilhelm Harster, der Befehlshaber der Sicherheitsdienstes in den Niederlanden, Joseph Schreieder nach Den Haag geholt – laut den niederländischen Historiker Guus Meershoek hatte der zuvor die Spionageabwehr in Österreich geleitet. Schreieder sollte die wieder zunehmende Spionagetätigkeit ausländischer Agenten eindämmen. Außerdem wurde die Verfolgung von Kommunisten zu dieser Zeit intensiviert.

Schreieder forderte im Sommer 1941 mehrere Offiziere von der Abwehr an, um den britischen Geheimdienst auszuschalten. Seit Juni 1941 sei die Abwehrlage zunehmend bedrohlicher geworden, schreibt Hermann Giskes, einer der Abwehr-Männer, die nach Den Haag abgeordnet wurden. Er war vorher verantwortlich u. a. für die Spionageabwehr in Hamburg und in Frankreich gewesen. Giskes kam im August 41 nach Holland. Als britische Agenten per Fallschirm abgesetzt wurden, blieb das seinen Leuten nicht verborgen. Sie hatten den Funk-Code geknackt und konnten die Aktionen des englischen Geheimdienstes verfolgen. So gelang es der Abwehr, in Netzwerke des Widerstandes einzudringen und Agenten zu schnappen oder „umzudrehen". Ende 41 waren die meisten Widerstandsgruppen entdeckt, der britische Geheimdienst war unter Kontrolle. Bis Herbst 43 wurden 50 britische Agenten verhaftet.

Zunächst hatte ich befürchtet, mein Vater könnte in der Zeit der systematischen Judenverfolgung und der Deportationen in Holland gewesen sein. Dieser Verdacht hat sich glücklicherweise nicht bestätigt. Wenn es stimmt, was die Akte des Niederländischen Archivs für Kriegsdokumentation NIOD und der Deutschen Dienststelle (WaST) besagen, dann wäre er von Juli bis 11. November 1941 in Den Haag gewesen. Das ist die Phase, in der die deutschen Besatzer den holländischen Widerstand mit allen Mitteln zu brechen versuchten und die Verfolgung der Kommunisten verschärften. Es ist die Zeit, als sie zur Verstärkung Abwehrspezialisten nach Holland beorderten, um dem britischen Geheimdienst auf die Spur zu kommen und dessen Agenten auszuschalten. Joseph Schreieder, der dafür zusätzliche Leute von der Abwehr geholt hat, könnte mein Vater gekannt haben von seiner Zeit im Sudetenland, denn die Abwehrstelle Dresden und die Abwehrstelle Wien arbeiteten zeitweise eng zusammen. Mein Vater könnte auch über den Doppelagenten Paul Thümmel Kontakte in Den Haag gehabt haben, denn Paul Thümmel alias A54 alias Voral alias Franta hatte lange Zeit dort mehrere Anlaufstellen bei tschechischen Agenten, die wiederum über die Exilregierung in

London mit dem britischen Geheimdienst zusammenarbeiteten. Thümmel hatte seinerzeit den Tschechen den Tag des deutschen Einmarsches in Holland vorab gemeldet. Es gibt Quellen, nach denen er zeitweise der Abwehrstelle Münster zugeordnet gewesen ist, um holländisches Terrain zu erkunden. Wann? Alles nur zufälliges Zusammentreffen oder laufen da die Fäden wieder einmal zusammen?

Literatur:
Meershook, Guus: Machtentfaltung und Scheitern. Sicherheitspolizei und SD in den Niederlanden, in:n Paul, Gerhard/ Mallmann, Klaus-Michael: Die Gestapo im Zweiten Weltkrieg, Darmstadt 2000, S. 383-402

Jong, Louis de: The Netherlands and Nazi Germany, Cambridge/ Mass 1990

Giskes, Hermann Josef London ruft Nordpol, Bergisch Gladbach 1982

Koll, Johannes: Arthur Seyss-Inquart und die deutsche Besatzungspolitik in den Niederlanden (1940-1945), Wien, Köln, Weimar 2015

Nestler, Ludwig (Hg): Europa unterm Hakenkreuz. Die faschistische Okkupationspolitik in Belgien, Luxemburg und den Niederlanden, Berlin 1990

Ströbinger, Rudolf :A 54. Spion mit drei Gesichtern, München 1965
Ströbinger, Rudolf: Die unheimliche Jagd. Der Kampf der Geheimdienste, Landshut 1977

Ukrainische Spuren

Noch eine Information enthält die Auflistung der Deutschen Dienststelle WASt, die mich aufwühlt: „9.2. 1944 *Führer-Abwehrtrupp 176 beim Panzer-Armee-Oberkommando 2, (A.O.K. 2) Einsatzraum Dez. 1943 – 19.4. 1944 Pripjet-Gebiet".* Ich bin nicht anfällig für magisches Denken, aber das ist einfach unfassbar.

Pripjet ist keine Stadt, in die man heutzutage mal so einfach fahren kann. Pripjet liegt drei Kilometer vom Kernkraftwerk Tschernobyl entfernt in der Sperrzone, die seit 1986 abgesiedelt ist. Ich war – mit Sondergenehmigung – mehrmals dort, um in vielen Radio-Beiträgen über die Folgen der Reaktorkatastrophe zu berichten. Meine Wege und die meines Vaters haben sich quasi gekreuzt! Erst viel später habe ich erfahren, dass Tschernobyl eine jüdische Stadt gewesen war, in deren Umgebung die Nazis gewütet und tausende von Juden ermordet hatten... In den Sümpfen um Pripjet und Mozyr fanden außerdem die grausamsten Kämpfe zwischen deutschen Soldaten und sowjetischen Partisanen statt, erklärt mir der Historiker, dem ich von diesem Fund berichte. Ich lese nach, dass die Division Brandenburg dort eingesetzt war und schwere Verluste erlitt. Teile der Brandenburger gelangten später über Griechenland nach Jugoslawien. Das 4. Regiment kam 1943/44 zunächst nach Sarajewo, dann nach Banja Luka.

Als ich das erste Mal in Kiew war, hatte mir mein Vater erzählt, auch er sei im Krieg dort gewesen. Und er hatte früher öfter darüber geredet, dass er bei der Partisanenbekämpfung beteiligt war – allerdings ging es da um Jugoslawien...

Partisanenbekämpfung
in Jugoslawien

Die Auskünfte der „Deutschen Dienststelle für die Benachrichtigung der nächsten Angehörigen von Gefallenen der ehemaligen deutschen Wehrmacht" (WASt) hatte 2011 auch Angaben über die Truppenteile erbracht, denen mein Vater angehört hatte. Vom 5. Juli bis zum 11. Juli 1943 war er bei der 3. Marschkompanie des Panzer-Grenadier-Ausbildungs-Batallion 108, vom 9. August 1943 bis 9. Februar 1944 war es der Panzer-Grenadier-Ersatz- und Ausbildungs-Abteilung 108 in Dresden zugeordnet. Ab 9. Februar 1944 ist er gemeldet beim Führer-Abwehrtrupp 176 beim Panzer-Armee-Oberkommando 2, Einsatzraum zwischen Dezember 1943 und 19. April 1944: Pripjet-Gebiet. Laut seinen eigenen Angaben beim Versorgungsamt München und seinen Feldpostnummern befand er sich in den Jahren 44 und 45 beim Frontaufklärungstrupp 126 (West)Abwehr und bei Stab und Kartenstelle I. SS-Korps.

Ich hatte mich zunächst nicht so sehr für die Wehrmachtszeit interessiert, denn ich wollte vor allem der These nachgehen, dass er Geheimagent, womöglich Doppelagent gewesen sein könnte. Im Licht seiner vorangegangenen Karriere versuche ich nun doch, mich kundig zu machen. Für jemanden, der sich mit militärischen Gliederungen nicht auskennt, ist es schwierig, die Angaben zur Wehrmacht einzuordnen. Einige Schlüsse darüber, wo er sich aufgehalten hat, kann ich nach längeren Recherchen doch ziehen. Aus seinen Erzählungen wusste ich nur, dass er in Agram, heute Zagreb, und in Banja Luka gewesen war, und dass er da bei der Partisanenbekämpfung eingesetzt gewesen sein muss.

Anhand der Materialien aus dem Bundesarchiv Heft Nr.16 über das Amt Ausland/Abwehr im Oberkommando der Wehrmacht kann ich das verifizieren. Der Führende Abwehrtrupp 176, unterstellt dem Armeeoberkommando 2 (AOK 2) 1c/AO, war danach am 27. April 1944 im serbischen Vranacka Banja stationiert. Diese Truppe war zuständig für „die abwehrfachliche Führung" mehrerer Abwehrtrupps, darunter der Abwehrtrupp 126. Dessen Aufgaben: *„Einsatz eigener V-Leute gegen feindbesetztes Süditalien; Bereitstellung von Frontläufern für den Invasionsfall; Einzelerkundung der Zusammenarbeit zwischen feindlicher Wehrmacht und den Banden in Serbien, Kroatien, Montenegro und Albanien".* Zum Abwehrtrupp 126/Agram gehörte unter anderem Banja Luka. Die Aufgaben hier: *„Bandenaufklärung in Kroatien, Montenegro, Albanien und der Aufbau eines überlagernden V-Mann Netz in Istrien und Slowenien".* Da ist sie also wieder, die nachrichtendienstliche Tätigkeit als 1c-Offizier, die mein Vater schon früher ausgeübt hatte. Wieder passt alles ins Bild...

Hintergrund: Jugoslawien

Am 6. April 1941 griffen deutsche, italienische und ungarische Truppen das Königreich Jugoslawien an, schon am 17. April kapitulierte es. Das Land wurde zerstückelt. Westliche Teile fielen an Italien, Serbien wurde den deutschen Besatzern unterstellt. Unter der Oberhoheit der Deutschen entstand der sogenannte „Unabhängige Staat Kroatien NDH", der so unabhängig nicht war. Sofort begannen die deutschen Repressionen gegenüber der Bevölkerung und die Judenverfolgung. Tausende wurden als Geiseln erschossen oder in Konzentrationslager eingeliefert, über 60 000 Juden wurde umgebracht. Die kroatische Regierung arbeitete eng mit den Deutschen zusammen, ging aber auch eigenständig brutal gegen Minderheiten vor, deportierte zu Tausenden Slowenen und Serben, verfolgte politische Gegner und ermordete Juden.

Schnell wuchs der Widerstand gegen die kroatische Ustascha und die deutschen Besatzer. Im Sommer 1941 gründete Josip Broz Tito die jugoslawische Volksbefreiungsbewegung. Er stellte Partisaneneinheiten zusammen und rief zum Aufstand auf. Titos Einheiten bekamen Unterstützung durch die Bevölkerung, auch starke kroatische Partisanenverbände schlossen sich ihnen an. Es begannen zähe und blutige Kämpfe zwischen Titos Leuten und den deutschen Besatzern sowie der verbündeten Ustascha. Im Jahr 1943 gewann Titos Volksbefreiungsarmee mehr und mehr die Oberhand.

Damit beginnt der Zeitraum, der für mich relevant ist: Mein Vater wurde Mitte 43 zum aktiven Dienst in der Wehrmacht eingezogen. Angesichts der Auskünfte von WASt vermute ich, dass er dann in Weißrussland und der Ukraine (Pripjet, Mozyr) eingesetzt war und schließlich in Jugoslawien landete.

Ich entdecke den unvollendeten Aufsatz des Münchner Historikers Karl-Dieter Wolf, der mir eine Vorstellung davon gibt, was sich 1943/44 in der Gegend um Banja Luka abgespielt hat. Im Spätsommer 1943 entwickelte eine Einheit Kirchner Pläne, Tito zu entführen. Diese war der Spezialeinheit der Division Brandenburg unterstellt, aus Griechenland stieß noch eine zweite Gruppe der Brandenburger hinzu. Zwei Szenarios wurden durchgespielt. Angedacht war ein Überraschungsangriff auf das Hauptquartier von Tito. Die andere Variante sah vor, per Fallschirm zwei als englische Flieger verkleidete Ermordete abzuwerfen, die einen angeblichen persönlichen Brief an Tito und eine Bombe bei sich haben sollten. Beides wurde schließlich verworfen.

Im Sommer 1943 sei der militärische Nachrichtendienst, also die Abwehr, reorganisiert worden, schreibt der Autor. Zentrale wurde die 1c-Abteilung Südost. Die Abwehrstellen wurden in unabhängige Abwehrkommandos umgewandelt, die militärisch dem Amt für Ausland/Abwehr im OKW, taktisch dem 1c/AO der Heeresgruppe F, unterstellt wurden. Bei den niederen Stäben wurden Abwehrtrupps gebildet, die wiederum dem Führenden Abwehrtrupp, später Frontaufklärungstrupp 176, unterstanden. Im Dezember 1943 wurde der Frontaufklärungstrupp 176 nach Vranacka Banja verlegt. Angesichts des heftigen Widerstandes übernahm die Abwehr nicht nur Aufklärungs- und Spionagetätigkeiten, sie beteiligte sich auch mehr und mehr an der Partisanenbekämpfung.

Am 25. Mai 1944, dem Geburtstag von Tito, startete das „Unternehmen Rösselsprung". Fallschirmspringer und Luftlandetruppen sollten im Gebiet Drvar abspringen und die Partisanen, die dort ihr Hauptquartier hatten, in Kämpfe verwickeln. Dann sollten sie Tito, der sich in der Nähe in einer Höhle aufhielt, gefangen nehmen. Ausgangspunkt dieses Manövers war der Flughafen von Banja Luka. Doch der Plan misslang, Tito konnte sich zu seinen Truppen durchschlagen. Die Kämpfe forderten hohe Verluste auf beiden Seiten.

In diesen dramatischen Zeiten war mein Vater in Banja Luka, er war bei der Abwehr, er war mit Partisanenbekämpfung befasst. Er muss übrigens vorher auch in Griechenland gewesen sein. Meine Schwester erinnert sich, dass er auf die Weintrauben verzichtete, mit der Begründung, er habe in Griechenland so viel davon gegessen...

Möglicherweise kam er mit der Division Brandenburg, die bis Anfang 1944 der Abwehr unterstellt war, von der russischen Front über Griechenland nach Kroatien. Über seine Beteiligung an der Partisanenbekämpfung in Jugoslawien hat er selbst gesprochen. Feindaufklärung, Sabotageaktionen, verdeckte Missionen waren sein Metier. Laut WASt ist er ab Februar 1944 beim Führer-Abwehrtrupp 176 und beim Frontaufklärungstrupp 126 (West)Abwehr gemeldet. Sie hatten genau diese nachrichtendienstlichen Aufgaben. Auch die Brandenburger waren auf solche Aktionen und auf den Partisanenkampf spezialisiert. Die Serben seien grausam, hatte mein Vater mir als Kind immer wieder erzählt...

Nachdem ich wieder einmal verschiedene Informationen kombiniert und daraus Vermutungen abgeleitet hatte, taucht Ende 2015 überraschend ein neuer Fund auf. Ein Bekannter, der ausgerechnet gerade die Rolle von Josef Martin Bauer, des Journalisten und Autors von „Soweit die Füße tragen" in der Nazi-Zeit erforscht, hat im Netz recherchiert und ist auf ein serbisches Buch aus dem Jahr 1958 gestoßen, über 800 Seiten, leider auf serbokroatisch: „Nemacka obavestajana sluzba u okupiranoj Jugoslawiji", Untertitel „V. Ustaska NDH", auf deutsch: Der deutsche Geheimdienst im okkupierten Jugoslawien". Wie ich herausfinde, wurde es vom Innenministerium der Volksrepublik Jugoslawiens bzw. dem Geheimdienst herausgegeben. Später stelle ich erstaunt fest, dass es 2011 – aus welchen Gründen auch immer – im kroatischen Zagreb neu aufgelegt wurde.

In diesem Buch finde ich: den Namen meines Vaters - und zwei Decknamen! Ein Freund aus Banja Luka übersetzt mir die wichtigsten Stellen sinngemäß: Danach verwendete Fritz Peters" die Pseudonyme „Montag" und „Baumgarten" oder „Baumgärtner". Peters habe 1943 den

Meldekopf Banja Luka übernommen, nachdem der vorherige Kommandant namens Hornberger von Partisanen getötet worden sei. Zur Jahreswende 1943/44 habe es in der Region heftige Kampfhandlungen gegeben, vorübergehend sei Banja Luka in die Hände der Partisanen gefallen. Peters habe Anfang 44 die Abwehr neu organisiert und später wegen der zunehmenden Bombardements der Alliierten in das Dorf Topola verlegt, wo sie bis Kriegsende stationiert blieb. Der Meldekopf Banja Luka habe sich hinter dem Tarnnamen „Bau und Messkommando" verborgen. *„Peters hat nachrichtendienstlich zusammengearbeitet mit dem Einsatzkommado, der Sicherheitspolizei und dem SD in Banja Luka."* Er habe ein Netz von V-Männern, Deserteuren, Überläufern und ehemaligen Gefangenen aufgebaut, die über die Pläne und Aktivitäten der Partisanen berichteten und Informationen und Karten für die Angriffe der Luftwaffe lieferten.

Jetzt läuft es mir doch kalt den Rücken herunter. Die Rolle meines Vaters bei der Abwehr in Banja Luka scheint also nicht marginal gewesen zu sein. Er hatte eine einflussreiche Position, er versorgte das Einsatzkommando Banja Luka mit geheimdienstlichen Erkenntnissen. Es bestand eine enge Zusammenarbeit zwischen Einsatzkommando und Abwehr. Wie ich schon früher herausgefunden hatte, gehörte das Einsatzkommando Banja Luka zur Einsatzgruppe E unter dem Kommandeur Günther Herrmann. Die beiden könnten alte Bekannte gewesen sein, denn Herrmann war als Chef eines Einsatzkommandos am 15. März 1939, dem Tag des Einmarsches, in Prag, genau wie mein Vater.

Ich hatte nicht mehr geglaubt, dass ich dem Decknamen meines Vaters auf die Spur kommen würde. Der Name „Peters" war in unserer Familie geläufig, meine Schwester konnte sich noch daran erinnern, ich hatte ihn bereits bei meiner allerersten Anfrage 1996 beim Bundesarchiv angegeben. Dort hatten sie auch Akten über einen „Peters" gefunden. Die Antwort war dennoch enttäuschend gewesen. Eine Feststellung der Identität sei nur schwer möglich, da es weder einen Vornamen noch ein Geburtsdatum gebe. Jetzt weiß ich mehr: „Fritz Peters" oder „Baumgarten" oder „Baumgärtner" waren die Pseudonyme meines Vaters.

Ich stelle eine neue Anfrage beim Bundesarchiv. Leider Fehlanzeige. Unter den Decknamen finden die Archivare keinen neuen Hinweis auf meinen Vater, auch zum Meldekopf Banja Luka liegt nichts vor. In Ex-Jugoslawien dürfte sich die Suche nach Akten sehr schwierig gestalten, meint mein Freund aus Banja Luka. Alles sei bei der Gründung Jugoslawiens nach Belgrad geschafft worden. Serbien, das bestätigt mir ein Historiker, ist derzeit wenig auskunftsfreudig. Ob ich es dennoch versuchen soll? Vorerst entscheide ich mich dagegen. Es war Krieg, mein Vater hat sich in einer kritischen Phase der Kämpfe nicht nur als normaler Soldat betätigt, sondern als Abwehroffizier mit den verschiedenen Stellen der Wehrmacht nachrichtendienstlich zusammen gearbeitet. So viel steht fest. Mehr muss ich darüber nicht unbedingt wissen.

Viele Fragen sind offen. Mir ist inzwischen klar geworden, dass viele womöglich für immer offen bleiben werden. Wo war mein Vater „in englisch-amerikanischer Gefangenschaft"? Wie kam er aus Jugoslawien nach Kriegsende nach Bayern? Hat er auf dem Rückzug wirklich 1000 Mann zurückgeführt nach Norden und sich und sie gerettet vor den Massakern von Titos Mannen, die deutsche Soldaten und kroatische Kollaborateure den Engländern auslieferten, in Lager pferchten oder exekutieren ließen? Kann es sein, dass mein Vater nach dem Inkrafttreten des Waffenstillstands, von dem er nichts erfahren hatte, auf der Flucht tatsächlich einen britischen Offizier erschossen hat, wie er es meinem jüngsten Bruder erzählt hat ? Gab es diesen Bruch des Waffenstillstandes?

Was ich nicht glauben konnte und für die Fantasien eines kleinen Jungen hielt, der sich nicht richtig erinnert, ist gar nicht so unwahrscheinlich. Auf dem Rückzug herrschte das blanke Chaos, bestätigt mir ein Wissenschaftler. Mein jugoslawischer Freund weist mich auf das Massaker von Bleiburg hin. Die Soldaten, die in der Nähe des Kärntner Orts Bleiburg noch nach dem 8./9. Mai gegen die jugoslawische Befreiungsarmee kämpften, wurden nach ihrer Kapitulation in Massen erschossen oder auf „Todesmärsche" geschickt. Die Kolonnen von fliehenden deutschen Soldaten, Angehörigen der kroatischen Ustascha, von slowenischen Hilfstruppen, serbischen Kollaborateuren sollen sich über mehr als 50 Kilometer über die Alpen gezogen haben.

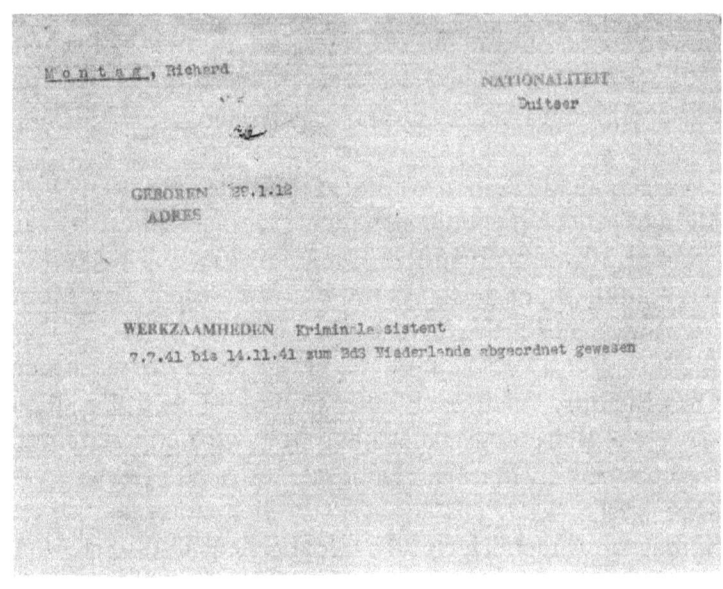

Ein kleines Indiz: Die Karteikarte, die besagt, dass Richard Montag bei der Sicherheitspolizei in Den Haag tätig war. Quelle: Niederländisches Institut für Kriegsdokumentation in Den Haag.

Petermann, Otto, podoficir, rukovodilac jagdkommande
 Lepoglava/Varaždin: 493, 495
Peternell, agent EG Zagreb: 416, 417
"Peters, inž.", podoficir, šef MK Varaždin i Kutina: 220
Peters, Fritz, "Montag", "Baumgarten", rukovodilac MK
 Banja Luka: 183, 215
Petersen, SS-ovski potporučnik, pripadnik EK 3 Osijek i
 šef TK Vinkovci: 373, 374
Petković, Edgar, agent EK Zagreb: 160, 198, 300, 334
Petković, Petar, šef policije u Sarajevu, agent Zitzelsber-

Fundstück: In dieser Dokumentation („Der deutsche Geheimdiest"), die der serbische Geheimdienst veröffentlicht hat, sind Decknamen von Richard Montag aufgeführt. Nach dem Namen „Peters" suchte ich schon bei den allerersten Recherchen in der Stasi-Unterlagen-Behörde.

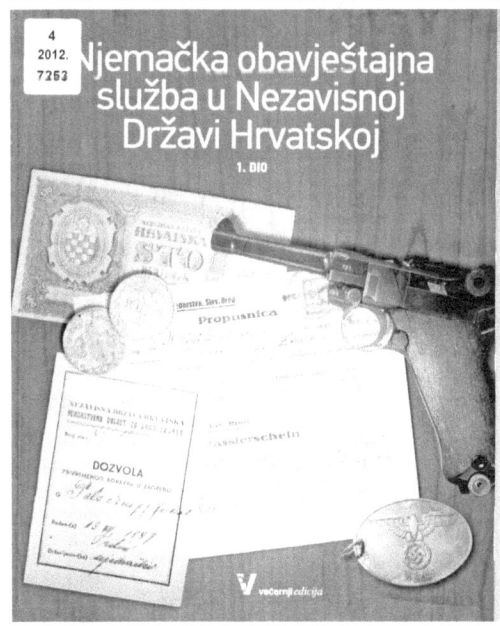

Original und Neu-
auflgae der
Dokumentation
„Der deutsche
Geheimdienst" aus
dem Jahre 1958
und 2011.

Literatur:

Bentzien, Hans: Division Brandenburg. Die Rangers von Admiral Canaris, Berlin 2004

Nemačka obaveštajna služba u okupiranoj Jugoslaviji, übersetzt etwa: Die deutsche Nachrichten-Spezialeinheit bei der Besetzung Jugoslawiens; Belgrad 1958
Despot, Zvonimir: Nemacka obavjestajna sluzba u Nezavisnoj Drzavi Hravatskoj, Zagreb 2011

Korb, Alexander: Im Schatten des Weltkrieges. Massengewalt der Ustascha gegen Serben, Juden und Roma in Kroatien 1941 – 1945, Hamburg 2013

Kurowski, Franz: Deutsche Kommandotrupps 1939-1945, Bd. II, Stuttgart 2003

Müller, Norbert e.a.: Das Amt Ausland/Abwehr im Oberkommando der Wehrmacht. Materialien aus dem Bundesarchiv, Heft 16, Koblenz 2007

Seckendorff, Martin, et.al.: die Okkupationspolitik des deutschen Faschismus in Jugoslawien, Griechenland, Albanien, Italien und Ungarn (1941-1945), Berlin/Heidelberg 1992

Wolf, Karl Dieter: Das Unternehmen Rösselsprung, in: Vierteljahreshefte des Instituts für Zeitgeschichte, Heft 4/1970

Schmider, Klaus: Partisanenkrieg in Jugoslawien 41 – 44, Hamburg 2002

Die Spur der Einsatzgruppen

Im September 2013 war ich zur Eröffnung der Ausstellung „Die Münchner Polizei und der Nationalsozialismus" gewesen. Das Polizeipräsidium München hatte zusammen mit dem NS-Dokumentationszentrum dieses Stück braune Vergangenheit recherchiert. Die Ausstellung dokumentiert, wie nahe die Münchner Polizisten den Nazis schon in der Weimarer Republik standen und wie stark sie in die NS-Verbrechen weit ab von Bayern verwickelt waren.

Ich war eigentlich aus professionellem Interesse hingegangen. Als frühere Lokaljournalistin interessierte es mich, wie die Münchner Polizei ihre Vergangenheit aufarbeitet. Während der Reden durchzuckte es mich plötzlich: Ich bin ja auch die Tochter eines Polizisten. Freud lässt grüßen, dachte ich mir. Die Psyche spielt einem ganz schöne Streiche. Wenn die Einsatzgruppen mit Münchner Polizisten besetzt wurden, dann könnte ja auch mein Vater etwas mit ihnen zu tun gehabt haben....

Jetzt endlich lese ich mich systematischer durch die Literaturlisten, die mir das Polizeiarchiv in Münster vor längerer Zeit geschickt hatte und die mir ein Wissenschaftler aus dem Münchner Institut für Zeitgeschichte ergänzt hatte. Bei der weiteren Literaturrecherche stoße ich auf ein Forschungsprojekt der FU Berlin über die Gestapo. Im Sammelband, herausgegeben von Gerhard Paul und Klaus-Michael Mallmann, der daraus entstanden ist, kann ich verfolgen, wie sich die Einsatzgruppen als Instrument des Terrors entwickelt haben: beginnend mit den ersten Erfahrungen beim sogenannten „Anschluss von Österreich", dann im Sudetenland und in der Tschechoslowakei, später in Polen und schließlich an den verschiedensten Schauplätzen des Zweiten Weltkrieges.

Was mich irritiert: Entlang des Lebensweges meines Vaters tauchen immer wieder dieselben Namen auf. Sind das alte Kameraden, die er noch von seinen Anfängen in Dresden, Ostpreußen und Prag kannte? Waren nicht nur die Grenzen zwischen Kripo, Sicherheitspolizei und SD durchlässig, sondern auch die zur Abwehr? Zumindest in der frühen Phase? Erledigte die Abwehr die Vorarbeit für die Einsatzgruppen und ging nachher auf Distanz zu deren brutalem Vorgehen? Kann es sein, dass mein Vater als Soldat Männer wieder traf, die er aus der Zeit bei der Abwehr kannte und die ihn bei der Wehrmacht beschützt haben? Wie nahe stand er den Einsatzgruppen?

Einiges deutet darauf hin, dass es eine Zusammenarbeit der 1c-Offiziere der Abwehr mit den Einsatzgruppen gab. In der Studie von Krausnick/Wilhelm heißt es, der 1c/ AO sei zum militärischen Kontaktmann der Einsatzgruppen geworden. Nach Gert Buchheit, der lange nach dem Krieg noch ziemlich undistanziert und beeindruckt deren Arbeit schildert, ist im Krieg die Abwehr in sogenannten Frontaufklärungstrupps an der Spitze der Kampfverbände ins feindliche Land einmarschiert, mit der Aufgabe, in den gegnerischen Geheimdienst einzudringen und Agenten aufzufinden. Dabei sei es zwangsläufig zu einer engen Kooperation mit dem SD und der Gestapo gekommen. Gleichzeitig hätten sie heftig konkurriert. Den engen Kontakt zwischen Abwehr und Einsatzgruppen/ Einsatzkommandos beschreibt auch der DDR-Wissenschaftler Klaus Gessner. Die Angaben aus dem Buch des serbischen Geheimdienstes, in dem der Name meines Vaters auftaucht, sind ein weiteres Indiz für die Kooperation der Abwehr mit den SD-/SS-Organisationen.

Klaus-Michael Mallmann schreibt in seinem Aufsatz, bei der Einverleibung Österreichs habe man so etwas wie das „Embryonalstadium" dieses neuen Instruments der

Einsatzgruppen erlebt, als Sicherheitspolizei, das Amt der Geheimen Staatspolizei und der SD bei der Verhaftung der Gegner zusammenarbeiteten. Der Einmarsch im Sudetenland sei dann weniger improvisiert verlaufen. Dort seien erstmals Einsatzkommandos gebildet worden, dabei habe sich schon die Rivalität von SD und Gestapo gezeigt, die austariert wurde, indem Heinz Jost vom SD zum Chef der Einsatzgruppe Dresden berufen wurde und Dr. Franz Stahlecker von der Sicherheitspolizei die Einsatzgruppe Wien bekam. Bei der Besetzung der Tschechoslowakei hatte die Gestapo ihren Einfluss bereits durchgesetzt: Franz Walther Stahlecker wurde für Mähren, Dr. Dr. Otto Rasch, vorher Inspektor der Sicherheitspolizei Kassel, für Böhmen zuständig.

Schon im Juli 1939 hatte Dr. Werner Best, der Stellvertreter Heydrichs, begonnen, für den Überfall auf Polen Pläne für die Bildung von Einsatzgruppen aus Gestapo, Kripo und SD zu machen. Fünf Einsatzgruppen mit insgesamt 2000 Mann - entsprechend den fünf Armeen - wurden für den Polenfeldzug gebildet. Sie waren es vor allem, die nach dem Einmarsch der Armee Terror verbreiteten und zehntausende von Polen ermordeten. Schon am 20. November 1939 wurden sie aufgelöst. Doch sie waren Modell für die vielen Einsatzgruppen und -kommandos an den anderen Fronten Europas.

Auf einem großen Bogen Papier versuche ich das, was ich über das Personal der Einsatzgruppen gelesen habe, sichtbar zu machen, um die Wege der einzelnen Personen in der Zeit zwischen 1938 und 1945 nachvollziehen und in Bezug zum Lebensweg meines Vaters zu setzen. Am Ende ist ein Schaubild entstanden, auf dem viele bunte Pfeile zeigen, dass es erstaunliche Kontinuitäten gab und dass dieselben Namen an den verschiedenen Einsatzorten meines Vaters wieder auftauchen.

Hintergrund: Einsatzgruppen

Heinz Jost, Chef der Abwehrstelle IV Dresden, übernimmt die Einsatzgruppe I (mit neun Einsatzkommandos) mit Sitz in Prag zunächst selbst. Von 1939 bis 1942 war er Chef des SD Ausland/Abwehr. Ihm dürfte mein Vater in Dresden und in Prag begegnet sein.

Erich Ehrlinger vom SD war beim Anschluss Österreichs dabei, ab April 39 war er im Protektorat Böhmen und Mähren im Sonderkommando Prag. In Polen gehörte er der Einsatzgruppe IV an. Ab Dezember 41 bis Mitte 42 wurde er Kommandant der Sicherheitspolizei und des SD in Kiew, von September 43 bis Dezember 44 war er Chef der Einsatzgruppe B nach Minsk. Ihn könnte mein Vater aus der Zeit in der CSR gekannt haben. In Minsk könnte er ihn wiedergetroffen haben.

Dr. Dr. Otto Rasch wurde nach der Zerschlagung der Tschechoslowakei im März 1939 SD-Chef in Prag, ab November 1939 Chef des SD und der Sicherheitspolizei in Königsberg. Er war beteiligt gewesen am fingierten Überfall auf Polen und an unzähligen Mordtaten im besetzten Land.Später war Rasch als Befehlshaber der Einsatzgruppe C auch verantwortlich für das Massaker von Babi Jar bei Kiew, wo 1941 über 30 000 Juden ermordet wurden. Im August 43 zogen die Deutschen aus Kiew ab. Die Wege überschneiden sich zeitlich und räumlich in Prag und in Königsberg, eventuell auch in Kiew.

Bruno Müller gehörte zur Einsatzgruppe I, die beim Polenfeldzug mordete, bei der Vertreibung von Juden und der Verhaftung von Professoren in der sogenannten „Sonderaktion Krakau" mitwirkte. An den zehntausenden von Morden an Zivilisten in der Ukraine im Jahr 1941 war er im Rahmen der Einsatzgruppe D beteiligt. Im Frühjahr/Sommer 41 war er in Holland, dann beim Reichssicherheitshauptamt. 1944 gehörte er vorübergehend der Einsatzgruppe E in Kroatien an. Polen, Holland und vor allem Jugoslawien als möglicher Link.

Genauso bei Dr. Emanuel Schäfer, Chef der Einsatzgruppe II in Polen, die an unzähligen Erschießungen und Judendeportationen beteiligt war. 1942 bis Dezember 44 war er Befehlshaber des Sicherheitsdienstes in Serbien, wo er für die effektivere Bekämpfung von Aufständischen und Partisanen sorgen sollte. Er war verantwortlich für die Ermordung von Tausenden von Juden. 1967 sagte er vor Gericht gegen Werner Best aus. Begegnungsmöglichkeiten mit meinem Vater gab es in Polen und in Serbien.

Josef Schreieder leitete die Spionageabwehr in Wien, wurde im August 1940 von Wilhelm Harster nach Den Haag geholt und zum Leiter der Abteilung Gegenspionage beim Befehlshaber des Sicherheitsdienstes gemacht. Zwei Überschneidungen: Wien, das für Mähren zuständig war, und Den Haag, wo mein Vater von Juli bis November 1941 registriert ist.

Dr. Walter Bierkamp war zunächst Befehlshaber in Krakau, leitete die Einsatzgruppe D. Von der Krim wurde er mit seinen Sonderkommandos 10 a und 11 b in die Sümpfe nach Mosyr in der Ukraine geschickt, um Partisanenbekämpfung zu betreiben. Die Einheiten wurden aufgerieben, die EG D im Mai 43 aufgelöst, die Reste der Sonderkommandos wurden nach Kroatien transferiert und bildeten dort mit den Einsatzkommando Banja Luka und Sarajewo die Einsatzgruppe E. Nachdem mein Vater im Einsatzgebiet von Pripjet gewesen sein soll, das in der Nähe von Mozyr liegt, könnte er mit diesem Truppenteil nach Jugoslawien gekommen sein.

Günther Herrmann war 1938 in Österreich, leitete 1939 die Staatspolizeistelle Brünn, war 1939 beim Einsatzkommando Prag, wurde dann Führer des Sonderkommandos 4b der Einsatzgruppe C, die in der Ukraine wütete. Über den Kaukasus kam er 1943 nach Kroatien. Dort wurde er Kommandeur der Einsatzgruppe E, zu dem wiederum das Einsatzkommando Sarajewo und Banja Luka gehörte. Dort könnte mein Vater, der ihn womöglich schon aus Prag kannte, auf ihn getroffen sein. Die Einsatzgruppe E existierte bis Mai 1945.

Das Schaubild, das durch meine Zeichnungen entstanden ist, zeigt viele Pfeile, die von 1938 bis 1945, in verschiedene Staaten und immer wieder zu den selben Personen führen. Die Einsatzgruppen, die von Wien über das Sudetenland, die CSR und Polen entwickelt wurden, waren so etwas wie ein Labor des Terrors. 1938/39 war das Personal der Einsatzgruppen noch sehr überschaubar. Ich vermute: Man kannte sich. Später wurden die Männer – wenn sie sich beim Ausspähen und Morden bewährt hatten – wie Schachfiguren an die verschiedenen Kriegsschauplätze in Europa verschoben. Weißrußland, Ukraine, vermutlich Griechenland, sicher Jugoslawien – das sind die Stationen meines Vaters in der Wehrmacht. Überall tauchen die Namen von potentiellen alten Bekannten auf. Ist er ihnen begegnet? Hat er alte Kontakte genutzt? Es muss nicht sein, aber es ist nicht ausgeschlossen....

Literatur:

Buchheit, Gert: Der deutsche Geheimdienst. Spionageabwehr im Dritten Reich, Beltheim-Schnellbach 2010, S. 108

Geßner, Klaus: Geheime Feldpolizei, Berlin 1986/2010

Krausnick, Helmut/Wilhelm, Hans-Heinrich: Die Truppe des Weltanschauungskrieges. Die Einsatzgruppen der Sicherheits-polizei und des SD 1938-1942, Stuttgart 1981

Mallmann, Klaus-Michael: Menschenjagd und Massenmord. Das neue Instrument der Einsatzgruppen und -kommandos 1938 – 1945, S. 291 – 316

Mallmann, Klaus-Michael/Böhler, Jochen/Matthäus (Hg.): Ein-satzgruppen in Polen. Darstellung und Dokumentation, Darm-stadt 2008

Schröder, Joachim: Die Münchner Polizei und der Nationalsozia-lismus, Essen 2013

Wildt, Michael: Radikalisierung und Selbstradikalisierung 1939. die Geburt des Reichssicherheitshauptamtes aus dem Geist des völkischen Massenmords, In: Gerhard Paul/Klaus Michael Mall-mann (Hg.), Die Gestapo im Zweiten Weltkrieg, Darmstadt 2000, S. 11- 41

Der amerikanische Geheimdienst und der Lügendetektor

Auf meiner Spurensuche hatte ich auch in den USA recherchiert. Ich war auf der Suche nach Karel Husnik, dem Staatsanwalt beim amerikanischen Militärgericht in Traunstein, den mein Vater im Rahmen des Entnazifizierungsverfahrens als Gewährsmann angeführt hatte. Er habe sich nach Kriegsende sofort dem CIC (Counter Intelligence Corps), der Spionageabwehr der US-Army in Europa, gestellt und um Überprüfung seiner Person gebeten. *„Da ich bei meiner Entlassung beim CIC eine Erklärung unterschreiben musste, dass ich über nachrichtendienstliche Dinge im Einzelnen nicht aussagen dürfe, kann ich im Einzelnen zu den angeführten Abwehrsachen nicht Stellung nehmen."* Staatsanwalt Husnik sei bereit in seiner Sache auszusagen – *„soweit dies nicht militärische Dinge betrifft"*.

Doch weder im Staatsarchiv München, noch im Bayerischen Hauptstaatsarchiv hatte ich Karel Husnik entdeckt. Schließlich forsche ich in den National Archives in Washington nach. Drei Wochen nach meiner Anfrage per Mail halte ich im August 2014 einen dicken gelben Brief des Archivs in den Händen. Finde ich endlich den Schlüssel für die Geheimnisse um die Vergangenheit meines Vaters? Hastig reiße ich das amerikanische Kuvert auf und überfliege das Schreiben. Meine Enttäuschung ist groß. Auch im US-Archiv haben sie Karel Husnik nicht gefunden, und damit auch nichts über die Aussagen, die mein Vater bei dem damaligen Staatsanwalt der US-Militärregierung gemacht haben will. Aber es kommt unerwartet eine neue Spur zutage. Immer wieder lese ich in den Dossiers des US-Geheimdienst den Namen: Richard

Montag. Mein Vater hat sich nach dem Krieg dem amerikanischen Geheimdienst angedient.

Der Stapel Kopien, die mir die National Archives in Washington geschickt hat, stammt aus zwei unterschiedlichen Aktenbeständen des „Investigative Records Repository (IRR). Dieses gehört, wie ich herausfinde, zu einem Archiv der US Army. Es dient nach deren eigenen Angaben im Internet „as the repository for intelligence, counterintelligence (CI), security investigative, and operational records", ist also ein Geheimdienstarchiv. Typischerweise, so heißt es im Begleitbrief des National Archive, seien solche Akten für Personen angelegt worden, die wegen Kriegsverbrechen verdächtigt wurden oder für die Geheimdienste interessant waren. „The following individuals are of operational interest", lese ich und entdecke schon bei einer ersten Durchsicht der Akten immer wieder den Namen Richard Montag. Leider sind viele der Kopien nur schwer oder gar nicht lesbar. Oft ist das Datum nicht zu erkennen, Absender oder Empfänger fehlen oder sie bestehen aus Abkürzungen. „Confidential" steht auf den meisten Seiten, „declassified", also freigegeben, wurden sie jetzt für mich im August 2014. Mühsam versuche ich den Inhalt wenigstens fragmentarisch zu rekonstruieren. Die Aufzeichnungen stammen aus den Jahren 1959/60. Sie dokumentieren, wie sich mein Vater bei den Amerikanern als Agent beworben hat. Monatelang wurde er zu konspirativen Treffen geladen, bei denen geprüft wurde, ob er für den Job geeignet ist. Verschiedene Gliederungen des amerikanischen militärischen Geheimdienstes waren damit beschäftigt, seine gegenwärtige Lebenssituation und seine Vergangenheit auszuforschen. In den Akten aus der National Archives in Washington lerne ich einen völlig neuen Aspekt meines Vaters kennen. Anhand der Angaben kann ich auch meine Rechercheergebnisse überprüfen und ergänzen. Und ich tauche tief ein in die Arbeit der Geheimdienste.

Der US-Geheimdienst hat sich aus vielen Quellen detaillierte Kenntnisse über die Vergangenheit meines Vaters verschafft. Durch Anfragen beim damaligen Berlin Document Center, bei der Auskunftsstelle der Wehrmacht WASt, aber auch bei britischen und französischen Diensten, beim Verfassungsschutz und beim BND haben die Amerikaner versucht, sich ein Bild von ihm zu machen. Einiges kann ich in Stichworten entziffern: Gestapo, Abwehr, führendes Mitglied des SD, Leutnant beim FAK 176 - also Frontabwehrkommando 176 - in Ungarn und Jugoslawien, von September 44 bis April 45 Verbindungsoffizier von Wehrmacht zur 4. Kroatischen Ustascha-Division; erledigte während des Krieges Spezialaufträge unter Canaris; überprüfte deutsches Personal in Prag und Warschau und reorganisierte die deutsche Mission dort; war Chef einer Ausbildungseinheit beim Auslandsgeheimdienst; forschte militärische und wirtschaftliche Geheimnisse in Polen und in Tschechien aus; trug in Jugoslawien Informationen über Tito zusammen. Mein Vater behauptete, dass er schon während seiner Zeit bei der Gestapo mit Geheimdiensten der Alliierten zusammen gearbeitet habe. Nach unbestätigten Angaben war er später für den CIC tätig; er versuchte bei ausländischen Polizeiverwaltungen und verschiedenen Geheimdiensten unterzukommen; mehrfach der Eintrag: keine negativen Informationen politischer Art. Nicht alle diese Angaben halten vermutlich einer Überprüfung stand, aber viele Details stammen aus Archiven und Behörden, bei denen die Amerikaner damals angefragt haben. Die US-Akten bestätigen im Großen und Ganzen meine Rechercheergebnisse und liefern weiteren Stoff für meine Mutmaßungen.

Unter dem Datum 21. April 1960 finde ich die Informationen, die das Berlin Document Center weitergab. Sie beruhen offensichtlich auf dem Lebenslauf, den ich bei Beginn meiner Nachforschungen aus dem Bundesarchiv bekommen hatte. Jetzt erfahre ich endlich, wann mein Vater ihn verfasst hat: am 8. Juli 1940. Die Stationen seiner Karriere bei Wehrmacht, Abwehr, Gestapo, seine Beteiligung am „Anschluss" des Sudetenlandes, an der Zerschlagung der CSR und am Überfall auf Polen werden im gleichen Stil referiert, wie es mein Vater damals geschrieben hatte. Mit diesem Lebenslauf habe sich mein Vater für die Allgemeine SS beworben. Er sei vom SS-Sicherheitsdienst aufgenommen worden. *„As of 1942 he held the rank of SS Staffelmann (SS Private)."*

Angesichts des schlechten Zustandes der Kopien und der vielen Abkürzungen ist es für mich nur an wenigen Stellen nachzuvollziehen, wer in diesen Vorgang involviert war. Mehrere deutsche und amerikanische Kontaktmänner sind namentlich erwähnt, der Schriftwechsel strotzt vor Abkürzungen: MID, CIC, USI, GADO Orange 102, Group Source Office, Company C Military Intelligence Batallion US Forces. Ich finde heraus, dass die Abkürzung MID für Military Information Division/Military Intelligence Division steht, USI bedeutet United States Intelligence. Also ist es klar, dass sich mehrere Gliederungen des militärischen Geheimdienstes für meinen Vater interessiert haben.

Das zweite Bündel der Akten stammt anscheinend von einer operativen Einheit des US-Geheimdienstes und gibt mir einen Einblick in die Strategie und Taktik, deutsche Mitarbeiter anzuwerben. Schritt für Schritt kann ich verfolgen, wie das lief. Die Daten und Fakten über „Subject" bzw."Source", die ich in den Akten nachlesen kann, bestätigen meine umrisshaften Erinnerungen aus der

Kindheit und vervollständigen das Mosaik, das ich mit meinen Recherchen zusammensetzen konnte. Alles ist in den Akten festgehalten: 1957 hatten sich meine Eltern getrennt, im Oktober 1958 hatten sie sich scheiden lassen. Seit Juli 1957 lebte mein Vater schon in Krefeld, wo er im Milchhof arbeitete - als „technical merchant", wie es formuliert ist.

Den Tipp für die Bewerbung beim Geheimdienst gab offensichtlich ein Mitarbeiter des Arbeitsamtes. Er ist in den Akten namentlich genannt und wird ebenfalls als „Source" bezeichnet. Bei ihm hatte mein Vater am 4. Juli 1957 einen Termin. Beworben hat er sich schließlich auf eine Stellenanzeige in der Zeitung „Die Welt" Nr. 254 vom 31. Oktober 1959. Schon am 4. November 1959 formuliert er seine Bewerbung als „administration and personal expert". Dabei verweist er auf seine Qualifikationen „as technical businessman, former Regierungsrat and Kriminalrat" und Referenzen auf dem Feld der Industrie und Ökonomie. Daraufhin zogen die Amerikaner Erkundigungen bei den Einwohnermeldeämtern in Bayern und in Nordrhein-Westfalen ein. Schon im Juni 1959 hatte ihn auch der CIC überprüft. Die Amerikaner interessierten sich unter anderem für ihn, weil er angeblich – wie eine handschriftliche Notiz besagt – Kontakte zu Reinhard Gehlen, dem Chef des BND, gehabt haben soll.

Am 5. Februar 1960 findet im Hotel Baseler Hof in Köln ein erstes Treffen mit einem deutschen Kontaktmann und einem als amerikanischer Geschäftsmann getarnten Agenten statt. Vom Treffen wird berichtet, dass mein Vater sich nach dem Namen der Firma erkundigt habe, für die der Amerikaner arbeite. Er habe dann aber akzeptiert, dass das vorerst anonym bleiben müsse. Er wird geschildert als *„strong appearing, curly blond headed person, who appears much younger than his age of 48. He apparently* *is very active physically, very sure of himself and anxious to improve his position.* " Hinzugefügt ist auch noch, dass er nicht trinkt, gerne Auto fährt und viel Freude an seiner früheren investigativen Arbeit gehabt habe. 900 Mark monatlich war seine Gehaltsvorstellung, 50 Mark mehr als sein damaliger Verdienst. Er wird aufgefordert, einen Fragebogen auszufüllen. Handschriftlich hat er dort die Namen seiner Eltern, Schwiegereltern und seiner Brüder aufgelistet. Auch ich und meine Geschwister sind vermerkt, einschließlich der Geburtstage. In der Rubrik „Wohnorte" gibt es zwei Merkwürdigkeiten: Es fehlt Reichenberg, wo er lange gelebt hatte, dafür gibt er Berlin an, wo er meines Wissens nicht war. Die Zeit 1932 bis 1945 streift er nur. Lesbar ist: „Militärische und Polizeiausbildung, Dresden, Sonderbeauftragter für wehrwirtschaftliche Angelegenheiten." Geschummelt hat er bei der Schulbildung, denn er war auf der Handelsschule und nicht auf dem Gymnasium.

Unter der Überschrift „Operational Potential" heißt es in den Akten zusammenfassend: *„Background of Subject in police work and military CIC should make him particularly suited to our type of work."* Als „approach plan" wird ausgegeben, man solle ihn direkt darüber aufklären, dass er es mit der United States Intelligence (USI) zu tun habe. USI sei interessiert an Informationen über die Situation in Ostdeutschland, dafür suche man geeignetes Personal. Wegen seines Geheimdienst-Hintergrundes komme „Source" dafür in Frage. Er sei „an adventurous type", er könnte für einen Anwerbeversuch empfänglich sein, für ein Gehalt von 1000 Mark pro Monat sei er ansprechbar. Es müsse ein erfahrener Agentenführer mit ihm verhandeln, denn „Source" sei „strong", er brauche eine starke Kontrolle. Es sollten ihm entsprechende Trainings und eine Probezeit von einem halben Jahr angeboten werden.

Voraussetzung sei allerdings eine Prüfung durch den Lügendetektor.

Am 14. März 1960 wird erneut ein Treffen im Baseler Hof in Köln verabredet, über das drei Tage später in einem „Contact Report Number 1" berichtet wird. Den amerikanischen Agenten gefällt gar nicht, dass der Aspirant seine Braut mitgebracht hat. Er wird aufgefordert, sie wegzuschicken. Vom Baseler Hof geht es ins Hotel Carlton, wo das Interview stattfindet. Bei dieser Gelegenheit wird er über seine Vergangenheit bei der Wehrmacht, sprich der Spionageabteilung der Abwehr, ausgefragt.

Im Bericht, der drei Tage später verfasst wurde, erfahre ich Einzelheiten, von denen ich bis heute nichts ahnte. Danach wurde mein Vater nach Kriegsende verhaftet, zu einem Jahr Gefängnis verurteilt und schließlich 1946 freigelassen. Wieso Gefängnis, warum verurteilt? Nirgendwo sonst habe ich darauf einen Hinweis gefunden. Zu dieser Zeit hielt er sich meines Erachtens im Internierungslager in Garmisch auf. Haben die Erkenntnisse des amerikanischen Geheimdienstes eine Basis, die meinem Vater an verschiedenen Einsatzorten eine wichtige Funktion zuschreiben? Bei der Abwehr habe er 1938 zunächst Deutsche in der CSR überprüft, dann die Deutsche Mission in Prag reorganisiert. 1939 sei er nach Warschau versetzt worden, um dort dasselbe zu tun. Nach Kriegsbeginn sei er nach Berlin abkommandiert worden, wo er unter Dr. Werner Best als Chef der Ausbildung der Auslandsspionage bis zur Kapitulation der Wehrmacht geblieben sei. Hier ist auch ein Empfehlungsschreiben Bests erwähnt, das bei den Akten liege. Offensichtlich handelt es sich um das Empfehlungsschreiben vom April 1959, das ich beim späteren Arbeitgeber meines Vaters bekommen hatte. Das mit Berlin kann allerdings so nicht stimmen, denn zum einen war Best nur bis Juni 1940 in Berlin, zum anderen wurde mein Vater im Juli 1943 zur Wehrmacht eingezogen. Unstimmigkeiten sind offensichtlich auch dem Interviewer aufgefallen, denn es gab zahlreiche Nachfragen. Die Rede ist von einem Fahndungsbuch (Wanted List). Hier versichert mein Vater, dass sein Name darin nicht auftauche, womöglich sei aber sein Deckname dort zu finden. Den nennt er aber nicht. Er erwähnt alte Kontakte zu Abwehrleuten, an denen die Amerikaner interessiert sein könnten. Und es steht die Frage im Raum, ob diese oder auch er womöglich für den BND arbeiten. Schließlich kommt der „approach plan" zur Anwendung. Es wird ihm eröffnet, dass er für den Geheimdienst der NATO arbeiten solle, vorerst nur in Teilzeit, solange bis seine Überprüfung abgeschlossen sei. Er zeigt sich interessiert, aber besteht auf einem full time job. Es scheint so, als wäre alles perfekt für seinen Einstieg. Er habe „good potential", seine Kontakte zu alten Abwehrleuten könnten womöglich nützlich sein, seine Gehaltsforderungen würden die Amerikaner akzeptieren; man macht sich schon Gedanken über die Phase der Ausbildung. Wieder wird die Mitarbeit abhängig gemacht von einem Test am Lügendetektor. Es müsse geklärt werden, ob er gelogen habe, als er behauptete, er arbeite nicht für den BND. Wenn das stimme, sei wiederum die Frage, warum der BND ihn nicht verpflichtet habe. Einen Doppelagenten wollen sich die Amerikaner expressis verbis nicht heranziehen.

Alle Schritte protokollieren die amerikanischen Geheimdienstmitarbeiter akribisch und lassen sich von Vorgesetzten das weitere Vorgehen genehmigen. Jedes Mal ist auch vermerkt, wie die Treffpunkte unauffällig angesteuert werden, wie viele Spesen für die Termine in Köln bezahlt werden, mal 40, mal 70 Mark, mal kommen 120 Mark für „Source" oder „Subject" zusammen, für die penibel Quittungen ausgestellt werden. Mein Vater unterschreibt mit - dem falschen Namen „Carl". Auch die Spesenrechnung für seine Kontaktleute sind penibel bis auf die kleinsten Beträge festgehalten.

Im April 1960 finden weitere Treffen statt, bei denen zusätzliche Informationen zusammengetragen und abgewogen werden. Es geht um die geplante Hochzeit im Juni, um die Frage, ob der Laden der Braut eine Tarnung sein könnte, um die Möglichkeit, das Gehalt zu drücken, um seine Brüder in der DDR. Mein Vater berichtet von einem Angebot des Bundeskriminalamts in Wiesbaden vom Jahr 1956, das ihm aber nicht entsprochen habe, und über ein Angebot des Verfassungsschutzes, das er aus politischen Gründen nicht angenommen habe. 1957 habe ihn der BND kontaktiert, die angebotene Position habe aber nicht seinen Erfahrungen entsprochen. Schließlich beginnt der Test am Lügendetektor – doch nach den ersten zwei Fragen versagt das Gerät.

Am 15. April 1960 wird auf Zimmer 420 im Dom Hotel in Köln der zweite Versuch am Lügendetektor vorgenommen. Die Ergebnisse werden danach an „CIC, Gado Orange", geschickt. Der Fragebogen, mit dem mein Vater damals konfrontiert wurde, befindet sich in den Akten. Ergebnis: Er sei ein „cool thinking individual" mit einem umfassenden Geheimdienst-Hintergrund. Aber er habe bei 11 Fragen getäuscht. Die Punkte, bei denen sie meinten, er habe gelogen, sind angestrichen:

„Did you enter the army in 1932? No.

Are you in contact with any intelligence agency other than ours? - No.

Have you given any false information to Mr. N., Mr. F. or Mr. M.? - No.

Have you ever been in France? - Yes.

Have you ever used a cover name? - Yes.
Are you now personally in contact with
...(unleserlich, d. Verf.)? - No.
Are you in contact with anyone from
the Gehlen organisation? - No.
Have you ever been a member of
the Communist Party? - No.
Have you told anyone of your mee-
tings with our representatives? - No.
Have you told Mr. M. the truth to all his questions? - Yes.
Did you ever go to Moscow? - No.
Have you told the truth on this examination? - Yes."

Fazit des Berichts. „*It appears from the results of the Poly-*
graph examanination that to further our interest in Subject
would only serve to involve us in a dual operation." Der
Supervisor stellt daraufhin kategorisch fest: „*Due to the*
large number of deceptions indicated on polygraph, request
that Subject be dropped as no further interest for the orga-
nization". Man bezahlt ihm 50 Mark, die er wie schon
zuvor mit „Carl" quittiert – und lässt ihn fallen.

Am 27. April 1960 war dieses Kapitel beendet. Man teilt
meinem Vater mit, dass beschlossen worden sei, es sei
„of no benefit", ihn zu beschäftigen. Er bekommt noch
20 Mark für Fahrtkosten und Zeitverlust. In einem sehr
höflichen Brief bekundet er später sein Bedauern, fordert
sein Foto und das Empfehlungsschreiben von Dr. Werner
Best zurück, bittet um Vertraulichkeit und darum, seine
Verwandten in der DDR nicht zu behelligen.

Außer Spesen nichts gewesen. Das Sprichwort trifft in
diesem Fall wirklich zu. Die amerikanischen Agenten
haben monatelang einen Riesenaufwand betrieben, um
meinen Vater zu überprüfen. Haben Archive durchfors-
tet, bei Ämtern Auskünfte eingeholt, haben seine Anga-

ben überprüft. Schließlich haben sie sich ganz auf den Test am Lügendetektor verlassen. Damals wurde dieser Test vielfältig angewendet und war als Beweismittel anerkannt.

Soweit ich nach meinen Recherchen beurteilen kann, hat mein Vater weitgehend die Wahrheit gesagt. Meines Erachtens hat er fast alle Fragen, deren Antworten sie als Lüge bewerteten, durchaus richtig beantwortet. Er ist nicht schon 1932 zur Wehrmacht gegangen, 1932 trat er in die NSDAP ein, zur Abwehr kam er im Juli 1938. Warum hat er angegeben, dass er in Frankreich war? Warum vermuteten sie, dass er in Moskau gewesen sein sollte? Er war eher nicht in der Kommunistischen Partei. Es stimmt, dass er Decknamen hatte. Warum wird das in Zweifel gezogen? Oder wussten die Amerikaner mehr? Was hatte es mit der Befürchtung auf sich, in eine „dual operation" verwickelt zu werden? War er womöglich doch noch für einen anderen Geheimdienst tätig? Meine Anfragen beim BND und beim Verfassungsschutz erbringen für den Namen Richard Montag keine Ergebnisse.

Die Spionage-Story, die ich an Hand der Akten aus Washington miterleben konnte, hat mich streckenweise amüsiert, weil sie sich las wie in einem Krimi. Alles war so, wie man es sich vorstellt: eine fingierte Zeitungsanzeige, Verabredungen per Telegramm, Postfachadressen, konspirative Treffen, Kontaktleute mit falscher Identität, Decknamen - und als Höhepunkt der Lügendetektor. Fast tat mir mein Vater leid, er kam mir vor wie ein Fisch, den man an der Angel zappeln ließ. Ich stellte mir vor, wie er strampelte, um sich in Nordrhein-Westfalen eine neue Existenz aufzubauen, nachdem es in Bayern nicht gelungen war, sich zu etablieren, und er die Familie verlassen hatte. Für einen Arbeiter im Milchhof war er zu clever, für seine neue Frau brauchte er einen Erfolg. In seinem alten Milieu kannte er sich aus, im Geheimdienst sah er seine Chancen. Aber womöglich unterschätzte er seine amerikanischen Kollegen und ihren Apparat. War er vielleicht doch zu naiv, zu selbstgefällig? Oder hat er ein doppeltes Spiel gespielt, wie die amerikanischen Agenten mutmaßen?

Jenseits der schillernden Welt der Geheimdienste habe ich in den US-Akten viele Informationen gefunden, die ich in mühevoller Arbeit zuvor schon zusammengetragen hatte. Viele der Details meiner Recherchen habe ich bestätigt gefunden. Einige Einzelheiten waren mir neu. Ganz klar geworden ist, dass mein Vater ein Geheimagent war, seit er 1938 zur Abwehr ging. Nach Kriegsende hat er wohl versucht, bei mehreren Geheimdiensten und der Polizei wieder einzusteigen. Warum ist er gescheitert?

Als er beim Test am Lügendetektor gefragt wurde, ob er noch Kontakt zu Dr. Werner Best habe, hat er anscheinend wahrheitsgemäß mit „yes" geantwortet. Das Empfehlungsschreiben von Best vom 7. April 1959 hat ihm später offensichtlich zu einem Neuanfang im Nachkriegsdeutschland verholfen. Er wurde eingestellt als Schadenssachbearbeiter bei einer Versicherung. Später arbeitete er als Havariekommissar, das heißt, er spürte Versicherungsbetrüger auf. Da konnte er seine Erfahrungen beim Geheimdienst gut nutzen.

SECURITY CLASSIFICATION (If any)

DISPOSITION FORM · CONFIDENTIAL

FILE NO.	SUBJECT: Results of Polygraph Examination
AEUEC-OPP	MONTAG (FAFT-LD-60-84?)C1

° OIC, GADO Orange	FROM OIC, Gade Purple	DATE 15 Apr 60	COMMENT NO 1
Coll & CE Div, 513th MI Gp		CWO Jacobs/8433	
APO 757, US Forces			

1. (C) On 15 April 1960, MONTAG, a German National, born 29 Jan 1912, in WEIGSDORF, Germany, was given a polygraph examination at the request of the Chief Coll & CE Div, 513th MI Gp. The examination was conducted at the Dom Hotel, room 420, Koeln, Germany.

2. (C) SUBJECT was examined on a Stoelting Deceptograph; reminded of his rights and signed a statement that he would voluntarily take the examinations. The examination was conducted in the German language with A/H Lennox acting as the interpreter.

3. (C) The following relevant questions, with answers thereto, were asked of the SUBJECT:

a.	Did you enter the army in 1932?	No
b.	Are you presently wanted by any police agency?	No
c.	Are you in contact with any intelligence agency other than ours?	No
d.	Are you in contact with your former wife's parents?	No
e.	Are you a regular subscriber to the newspaper Die Welt?	No
f.	Have you given any false information to Mr. Neumann, Mr. Ferrer or Mr. Mask?	No
g.	Were you assigned in Berlin in 1939?	Yes
h.	Have you ever been in PRAHA?	Yes
i.	Have you ever been in FRANCE?	Yes
j.	Other than your fiancee have you told anyone of your contacts with us?	No
k.	Have you been assigned the task of penetrating any Western Intelligence Agency?	No
l.	Have you ever used a cover name?	Yes
m.	Other than your military training, have you ever received training in intelligence work?	Yes
n.	Other than you have stated have you ever been in prison?	No
o.	Have you ever been approached to work for any East Bloc intelligence organization?	No
p.	Are you still in contact with Dr. Werner Best?	Yes
q.	Are you now personally in contact with GEHLEN?	No
r.	Have you ever served with the OSS Amt und Abwehr?	Yes
s.	Are you in contact with anyone from the GEHLEN organization?	No
t.	Have you ever been a member of the Communist Party?	No
u.	Have you told anyone of your meetings with our representative?	No

DA FORM 96

CONFIDENTIAL

Das Protokoll vom Test am Lügendetektor vom 15. April 1960. Quelle (Kopie): National Archives, Washington

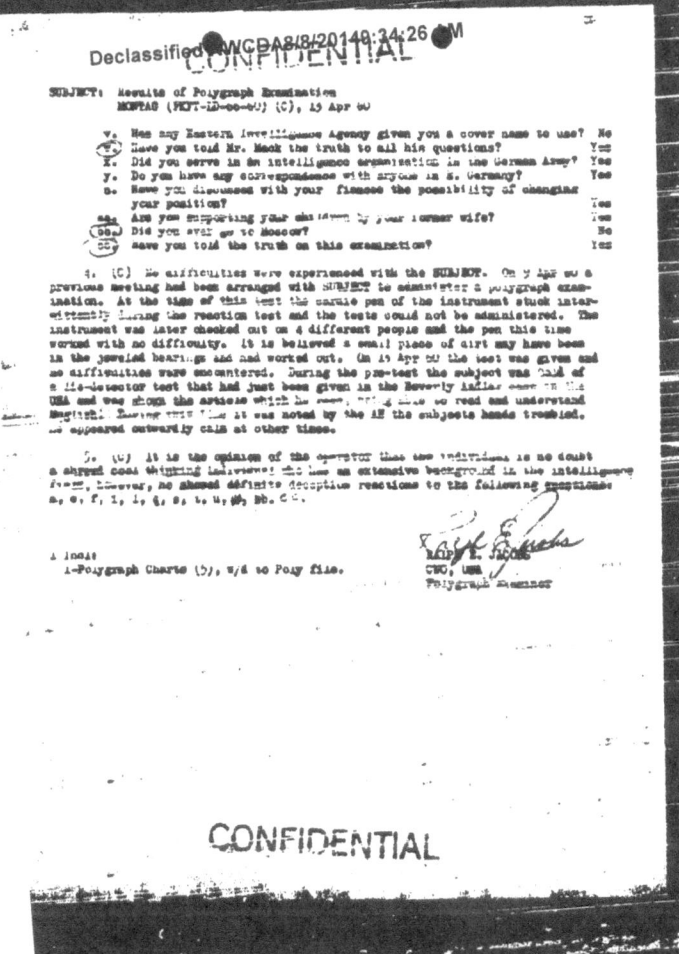

CONFIDENTIAL

SUBJECT: Results of Polygraph Examination
MONTAG (PMT-13-oo-60) (C), 15 Apr 60

v. Was any Eastern Intelligence Agency given you a cover name to use? No
Have you told Mr. Mack the truth to all his questions? Yes
x. Did you serve in an intelligence organization in the German Army? Yes
y. Do you have any correspondence with anyone in E. Germany? Yes
z. Have you discussed with your fiancee the possibility of changing
your position? Yes
aa. Are you supporting your children by your former wife? Yes
bb. Did you ever go to Moscow? No
cc. Have you told the truth on this examination? Yes

4. (C) No difficulties were experienced with the SUBJECT. On 5 Apr 60 a previous meeting had been arranged with SUBJECT to administer a polygraph examination. At the time of this test the marule pen of the instrument stuck intermittently during the reaction test and the tests could not be administered. The instrument was later checked out on 4 different people and the pen this time worked with no difficulty. It is believed a small piece of dirt may have been in the jeweled bearings and had worked out. On 15 Apr 60 the test was given and no difficulties were encountered. During the pre-test the subject was told of a lie-detector test that had just been given in the Beverly Indien case in the USA and was shown the article which he read, and was able to read and understand English. During this time it was noted by the IE the subjects hands trembled, he appeared outwardly calm at other times.

5. (C) It is the opinion of the operator that the individual is no doubt a shrewd cool thinking individual who has an extensive background in the intelligence field, however, he showed definite deceptive reactions to the following questions: a, e, f, i, l, q, s, t, u, w, bb, cc.

1 Incl:
1-Polygraph Charts (5), w/d to Poly file.

RALPH E. JACOBS
CWO, USA
Polygraph Examiner

Nach der Auswertung wurden die Anwerbeversuche abgebrochen.

CONFIDENTIAL

Auf der Suche nach der Wahrheit

Über rund 20 Jahre hinweg habe ich nun immer wieder neue Rechercheanläufe unternommen. Zwischen den einzelnen Archivanfragen gab es lange Pausen, doch dann habe ich erneut die Initiative ergriffen. Zwischendurch hatte ich mir die Hilfe eines Rechercheurs gesucht, der im Militärarchiv Freiburg nachsah und die Fakten ordnete. Seine Reaktion war gewesen: *„Das Schicksal Ihres Vaters finde ich als Historiker faszinierend. Es wäre sicherlich hervorragend geeignet, die Problematik des Nationalsozialismus in ihrer Bedeutung für die deutsche Gesellschaft aufzuzeigen.Allerdings würde dies ganz erheblich Anstrengungen erfordern...“* Wie so viele Mitarbeiter von Archiven gab auch er mir Hinweise auf weitere mögliche Quellen für meine Spurensuche, warnte aber zugleich, dass erhebliche Recherchekosten auf mich zukommen könnten. *„Es ist die Suche nach der Nadel im Heuhaufen“*, meinte er am Telefon. Er blieb mit dieser Einschätzung nicht der einzige Historiker, der das sagte, wenn ich über die Ergebnisse meiner Recherchen berichtete und um eine Einschätzung bat.

Die Liste der Archive und Institutionen, bei denen ich angefragt habe, ist über die Jahre immer länger geworden. Zu Anfang hatte ich nicht gedacht, dass ich tief in die Zeitgeschichte eintauchen müsste, um den Lebensweg meines Vaters zu rekonstruieren. Ich hatte nicht die Vorstellung gehabt, dass mich meine Recherchen nach Tschechien, Polen, Holland, Jugoslawien und in die USA führen würden. Ich forschte immer weiter, in der Hoffnung, irgendwann würde ich den roten Faden finden, an dem ich die Vergangenheit meines Vaters aufrollen könnte. Aber das ist nicht gelungen, nicht bei den erneuten Runden der Anfragen bei den verschiedenen Stellen des

Bundesarchivs und bei der Stasi-Unterlagen-Behörde, nicht durch die Auskünfte der Archive im Ausland; Fehlanzeige beim Lastenausgleichsamt, Datenschutz-Hindernisse bei der Rentenversicherung. Ich fahndete nach dem „stern"- Artikel, den mir meine Mutter einmal in die Hand gedrückt und gesagt hatte: „Jetzt verstehe ich alles". Mehrere Jahrgänge des Magazins habe ich in der Bibliothek durchgesehen, doch ich habe ihn nicht wieder gefunden.

Warum habe ich dennoch weitergemacht? Ist es nur der Jagdtrieb der Journalistin, die den Ehrgeiz hat, mit Beharrlichkeit und breitgefächerten Recherchen zu einem Ergebnis zu kommen und bei einer spannenden Story nicht aufgeben will? Ich war so naiv gewesen zu hoffen, ich könnte die Vergangenheit meines Vaters aufdecken. Nach und nach begann ich zu begreifen, dass ich die Wahrheit nicht finden werde. Ich hätte sie vermutlich nicht durch direkte Fragen herausbekommen, ich werde sie nicht in den Archiven finden. Und dennoch kann ich nicht loslassen. Ist es der Krimi, dessen Plot ich entschlüsseln will? Aber es handelt sich nicht um Fiktion, sondern um Wirklichkeit und die hat meistens ein offenes Ende.

Inzwischen kann ich die einzelnen Stationen meines Vaters einigermaßen nachvollziehen. Doch es bleiben viele Leerstellen. Was hat er in Polen gemacht, als dort die Einsatzgruppen Tausende verhafteten, verfolgten, töteten? War er im Vorfeld daran beteiligt, hat er darüber Beschwerde geführt? Hat er in Polen genug gesehen, um darauf zu drängen, dass er ins Sudetenland versetzt wird? Was geschah 1941/42 in Reichenberg? Warum hat er eine Krankheit vorgeschützt und sich so in Gefahr gebracht? Gibt es einen Zusammenhang zur Enttarnung des Doppelagenten Paul Thümmel? War er in Den Haag? Was hat dazu geführt, dass er im Januar 1943 aus der Gestapo entlassen wurde? Was war passiert, dass er im Juli 1943 eingezogen wurde und noch nicht einmal zur Geburt seines Sohnes nach Reichenberg kommen konnte? Hat die Gestapo ihn bis hinein die Wehrmacht verfolgt und versucht, ihn in eine Bewährungseinheit zu stecken, mit dem Ziel der Nimmerwiederkehr? Wie kam die Kopfverletzung zustande? Waren dafür Gestapo-Leute verantwortlich oder stammt sie womöglich von einem geheimen Einsatz in Holland?

Feststeht: Mein Vater ist sehr früh der NSDAP beigetreten, er war in der SA, er war bei der Gestapo, in der Abwehr, er war Geheimagent. Ob er nur im Dienste der Abwehr tätig war oder sich ein Beispiel an seinem Mentor Paul Thümmel nahm, der für die Nazis und die Tschechen/Briten arbeitete, lässt sich nicht klären. Gehörte er zu den Leuten von Canaris, die einzelnen Regimegegnern halfen, wie es immer wieder behauptet wird? Ist er bis zum Ende des Krieges ein überzeugter Nazi geblieben oder hat er Zweifel bekommen, als er den Terror hautnah erlebte? War er ein kleines Rädchen im großen Geheimdienstapparat und in der Wehrmacht oder hatte er – worauf einige Informationen hindeuten – zeitweise leitende Funktionen inne? Er war auf alle Fälle mit allen Wassern gewaschen. Er hat sich durchgeschlagen. Er hat Dinge getan, von denen er nicht wollte, dass sie herauskommen. Er kann nicht nur zugeschaut haben, all die Jahre, bei all den Verbrechen, die in seinem Umfeld geschahen. Er gehörte zu den Tätern. Ich hoffe, er hatte auch noch eine andere Seite. Manche Indizien sprechen dafür. Sicher bin ich mir nicht.

Nach dem Krieg hat mein Vater – anders als viele höhere Nazis wie Dr. Werner Best oder so manche Chefs der Einsatzgruppen und Einsatzkommandos – den Einstieg ins normale Berufsleben viele Jahre lang nicht geschafft.

Als ehemaliger Geheimdienstler war er aber offensichtlich für seine Kollegen beim BND, Verfassungsschutz und den amerikanischen Diensten interessant. Doch dort scheint er nicht angekommen zu sein. Warum? Gab es eine dunkle Stelle in seiner Biographie, an der er scheiterte? Oder wollte er – wie die Amerikaner vermuteten – ein doppeltes Spiel spielen und hat sich darin verheddert? Ende der 50iger Jahre zog mein Vater nach Nordrhein-Westfalen, wo inzwischen viele alte Nazis Karriere gemacht hatten. Dort knüpfte er die Kontakte zu Werner Best, den er aus seinen Anfangsjahren in Dresden und Tschechien kannte, und fand endlich Arbeit bei einer Versicherung. Warum hat er sich nicht früher seiner alten Netzwerke bedient?

Ich habe Freunden von meinen Funden und meinen Thesen erzählt, nüchtern, berichtend. Viele haben mich gefragt, ob mich das nicht emotional sehr mitnehme. Ich habe ihnen erklärt, dass mein Verhältnis zu meinem Vater seit Jahren für mich nicht mehr mit Gefühlen verbunden ist. Ich habe mich etwas geschämt, mir das Bild vom Schmetterlingssammler vorzustellen, der die begehrten Exemplare aufgespießt. Ich schäme mich auch jetzt, da ich das schreibe. Aber es ist etwas dran. Meine Haltung zu den Ergebnissen meiner Recherche über meinen Vater blieb über weite Strecken hin sachlich, kühl, so als ginge es mich nichts an. Ich freute mich, wenn ich ein neues Detail herausfand oder es mir gelang, Zusammenhänge herzustellen, wo ich sie zunächst nicht gesehen hatte. Zeitweise fragte ich mich, ob es legitim sei, ihm durch meine Recherchen so nahe zu rücken und seine Geheimnisse aufdecken zu wollen. Verhielt ich mich nicht so wie er, der immer wieder Leute ausspioniert hatte, indem ich mit fast detektivischen Methoden versuchte, posthum

sein Leben auszuforschen? Das schale Gefühl von Voyeu-
rismus, das mich überkam, schob ich in den Hintergrund.
Ich wollte die Geschichte in Erfahrung bringen, die mir
vorenthalten worden war.

Gegen Ende der Recherchen lief ich schließlich in eine
Falle, die ich mir selbst gestellt hatte. Ich hatte mich nie
gefragt, wo meine Mutter in der Nazi-Zeit gestanden hatte. Ich wusste, sie hatte nicht Lehrerin werden dürfen,
weil nur für den einzigen Sohn ein Studium vorgesehen
war. Die Töchter hatten stattdessen eine Aussteuer bekommen. Sie hatte also eine Ausbildung im Polizeipräsidium Dresden gemacht. Irgendwann fragte mich meine
Schwester, ob es eigentlich auch eine Spruchkammerakte
meiner Mutter gebe. Ich konnte mir das nicht vorstellen und zögerte lange, bis ich nachfragte. Anfang 2016
habe ich einen dünnen Aktendeckel mit der Aufschrift
in der Hand: „Spruchkammerakte Montag Annel." Auf
dem Meldebogen der Anneliese Montag, Hausfrau, steht
mit Rotstift „Gruppe 4". Die Auskunft des Bürgermeisters
lautet: *„Frau Montag ist seit 14.9. 1946 in der Gemeinde
Altenmarkt. Sie ist Flüchtling und in politischer Hinsicht
nichts über sie bekannt."* Sie selbst hat angegeben, dass sie
1934 bis 1935 Mädelscharführerin beim BDM war – und
von 1937 bis 1945 Mitglied der NSDAP! Sonst keine Angaben. Gruppe 4, das heißt „Mitläufer". Nicht gravierend
also, sage ich mir, meine Mutter musste vielleicht in die
Partei eintreten, um den Job im Polizeipräsidium zu bekommen. Dann hat sie in kurzen Abständen ihre drei
Kinder bekommen und war mit dem schwierigen Alltag
an der Seite ihres umtriebigen Mannes beschäftigt, der
die letzten beiden Kriegsjahre abwesend war. Aber dennoch...

Ich hatte es mir nicht vorstellen können, dass auch meine Mutter mitgemacht hat. Ich suche nach Erklärungen, Entschuldigungen und entlastenden Argumenten, aber der Stachel bleibt. Ich stelle mir vor, dass sie sich nach dem Krieg dafür geschämt hat und deshalb schwieg. Mit meinem Vater ging ich angesichts meiner Erfahrungen und der vielen Fakten weniger sensibel um. Unterschwellig lief in mir zeitweise allerdings doch ein – wenn auch moderates - Wechselbad der Gefühle ab. Ich war entsetzt angesichts der Untaten und Verbrechen, in deren Umfeld sich mein Vater bewegt hat. Ich war andererseits beeindruckt von seiner Cleverness und Überlebensfähigkeit in schwierigen Situationen. Und - ich will es eigentlich gar nicht wahrhaben - irgendwann ertappte ich mich dabei, ein gewisses Verständnis für ihn aufzubringen. Verständnis für den jungen Mann vom Dorf - unehelich geboren, aus kleinen Verhältnissen, ohne höhere Schule, ohne Ausbildung, aber hoch intelligent -; der mangels anderer Chancen reingerutscht ist in eine Nazi-Laufbahn. Er war kein „Studierter", kein Dr. jur. wie so viele hohe Funktionäre bei Abwehr, Gestapo und Einsatzgruppen, mit denen er es zu tun hatte. Er war ein Abenteurer, der Aufstiegsmöglichkeiten und gutes Einkommen witterte und womöglich erst allmählich begriff, worin er sich verstrickt hatte. Ein junger Mann, der vielleicht vorübergehend den Ausstieg versucht, aber nicht gefunden hat. Eine Karriere, die typisch ist für viele Männer aus seiner Generation. Aber meine Milde wurde konterkariert durch die Spuren aus Jugoslawien, die darauf hin deuten, dass er mehr war als nur ein kleiner Geheimagent und zeitweise leitende Funktionen hatte. Darüber war ich geradezu erleichtert, denn ich will ihn nicht verstehen, noch weniger will ich ihn entschuldigen. Von Anfang an wollte ich einteilen nach den Kategorien gut oder böse, schwarz oder weiß

– und mein Urteil fällen. So einfach ist das allerdings nicht.

Die Arbeit der Abwehr ist bis heute nicht gut erforscht. Kein Wunder, dass ich es nicht schaffe, aus den Puzzlesteinen, die ich gefunden habe, ein eindeutiges Bild zusammen zu setzen. Im Verlauf meiner Recherchen bin ich immer wieder auf Bücher gestoßen, in denen sich frühere Abwehrleute noch nach dem Krieg befleißigen, die Taten und die Strukturen des Geheimdienstes mit einer gewissen Hochachtung zu betrachten. Meist schwingt Bewunderung mit. Auch Paul Leverkühn, ehemaliger Abwehrchef in Istanbul und späterer CDU-Politiker, meint zu den Veröffentlichungen über die Abwehr lakonisch, die Schilderungen von beteiligten Personen seien nicht besonders glaubwürdig, denn sie seien *„häufig ergänzt und durch fingierte Gespräche ausgeschmückt, die es schwer machen, zwischen Wahrheit und Dichtung zu unterscheiden.“* Und er fährt fort: *„Man sollte die Bedeutung der Akten der Abwehr ebenso wie der Tagebücher von Admiral Canaris nicht überschätzen. Ein großer Teil der Abwehrtätigkeit, und gerade der bedeutungsvollste, findet keinen Niederschlag in den Akten. Wir haben auf den Aussenstellen mit besonderer Genugtuung alles verbrannt, was sich an Papieren angesammelt hat.“* Der letzte Satz bleibt bei mir hängen. Die Abwehr war ein Geheimdienst und Geheimdienste sind darin geübt, Spuren zu verwischen.

In einer DDR-Studie über die Abwehr vom Jahr 1970 geht der Autor Julius Mader noch einen Schritt weiter. Er referiert eine Notiz von Generaloberst Alfred Jodl, Stabschef des Oberkommandos der Wehrmacht (OKW), wonach die Alliierten auf die Akten der Abwehr scharf waren. Es seien aber keine Akten vorhanden. Als Sprachregelung sei ausgegeben worden, dass alle Agentenkarteien und Archive der Abwehr befehlsmäßig verbrannt, versenkt und unauffindbar versteckt seien, die Geheimdienstexperten hätten ihre Kenntnisse und Erfahrungen mit ins Grab genommen. Als Logik dahinter vermutet Mader, dass so auch die Mär von der Unschuld der Wehrmacht aufrecht erhalten werden sollte. Bekanntermaßen gelang das ja im Westen bis zur Wehrmachtsausstellung in den 90er Jahren.

Literatur

Paul Leverkühn, Der geheime Nachrichtendienst der deutschen Wehrmacht, Frankfurt 1957

Juliius Mader, Hitlers Spionagegenerale sagen aus. Ein dokumentarbericht über Aufgaben, Struktur und Operation des OKW-Gehjeimdienstes Ausland/Abwehr mit einer Chronologie seiner Einsätze von 1933 bis 1944, Berlin 1970

Nicht wie meine Eltern

Beim Versuch, einen fiktiven Brief an meine Eltern zu schreiben, um angesichts der bruchstückhaft gebliebenen Rechercheergebnisse für mich zu einem Abschluss zu kommen, befällt mich sofort ein Gefühl von Unwohlsein und Unsicherheit. Offensichtlich habe ich mich doch nicht ganz von meiner Familiengeschichte befreit, sondern nur willentlich und rational einen Strich gezogen, um das, was mich als Kind in eine seltsame Welt der Tagträume getrieben hatte, was mir Magenbeschwerden und Kopfschmerzen machte bis in die Studentenzeit hinein, von mir fern zu halten. Diesen Abstand brauche ich anscheinend auch heute noch. Ich kann mich nur aus der Distanz mit meinen Eltern und den frühen Kapiteln meines Lebens beschäftigen. Das war mir schon klar geworden, als ich über meine Kinderzeit nicht in der „Ich"-Form schreiben wollte. Es war mir aufgefallen, als ich mich immer wieder zwingen musste „mein Vater" zu schreiben anstatt „er".

Ich habe mich mühsam befreit vom Unglück meiner Kindheit, in der ich mich vom Vater im Stich gelassen fühlte und die kranke, traurige Mutter nicht belasten durfte. Ich habe mich abgesetzt von meinem großsprecherischen, autoritären Vater. Ich habe mich mit Distanz und Schweigen zu schützen versucht vor den Depressionen meiner Mutter. Ich habe das Gefühl, in der Familie geborgen zu sein, nicht wirklich erlebt. Ich wollte schon als Kind nichts mehr von Familie wissen. Mit Leistung versuchte ich, mir Anerkennung verschaffen. Auf Leistung habe ich mein ganzes weiteres Leben gebaut.

„Jeder Mensch ist allein" warf mir meine Psychotherapeutin an den Kopf, als ich weinend vor ihr saß. Das war hart, aber heilsam. In der Therapie konnte ich mich

lösen vom Ballast meiner Kindheit, der mich am Leben hinderte. Ich war nicht mehr das Kind, das vom Vater verlassen worden war und bei der Mutter nicht genug Wärme und emotionale Unterstützung bekam, sondern ich war erwachsen. Damit hatte ich auch die Kraft, eine Klammer-Beziehung zu beenden, und die Chance eine neue, tragfähigere einzugehen. Ich lernte, wie ich gegen die Depressionen angehen kann, die es mir schwer machen, zu leben.

Nach und nach entwickelte ich einen Gegenentwurf zu den Bildern meiner Eltern, die ich in mir trug. Ich wurde Journalistin in dem Wunsch, aufzuklären und dadurch etwas zum Positiven zu verändern. Ich wollte nicht egozentrisch und rücksichtslos sein wie mein Vater, sondern für andere eintreten und soziale Verantwortung übernehmen. Ich musste mich erst dazu erziehen, meine Empathie nicht so weit zu treiben, dass ich mich für andere einsetzte und meine eigenen Interessen und Wünsche hintanstellte. Auch wenn es ein täglicher Kampf ist, ich tue alles, um meine dunkle Seite in Schach zu halten und mich nicht den Depressionen auszuliefern. Ab einem bestimmten Alter sind nicht mehr die Eltern an allem schuld, sondern man ist für sich selbst verantwortlich. Eine Einsicht, die nicht neu ist. Vielleicht ist es ganz gut, dass ich bei meinen Recherchen über meinen Vater nicht zu einem Urteil gekommen bin. Meiner Mutter hätte ich gerne gesagt, dass ich ihr dankbar bin. Das habe ich leider versäumt.

Geschichte und Spekulation

Gegen Ende meiner über 20 Jahre dauernden Recherchen habe ich des Buch „Der totale Rausch. Drogen im Dritten Reich" gelesen. Der Autor Norman Ohler hat in zahlreichen Archiven geforscht, darunter auch bei den National Archives in Washington. Er zitiert Paul Brown, einen weisen Archivar, der ihn bei den Recherchen unterstützt habe. Dieser habe gleich zu Beginn seine Hoffnungen gedämpft:

„Meine Recherche gleiche flachen Kieseln, die ich über das Wasser hüpfen lasse. Einen vollständigen Zugang, ein komplettes Eintauchen gebe es nicht; man könne die National Archives, diesen riesigen Dokumentenbauch, nicht erschöpfend einsehen. Geschichte...würde immer eines bleiben: an möglichst relevanten Fakten sich orientierende Spekulation. Die historische Wahrheit habe er für mich nicht im Angebot."

Nachwort

Es war mal wieder meine Schwester, die es auf den Punkt brachte. „Mach Dir nichts vor. Auch Du gehörst zu den „Kriegskindern". Das wollte mir zunächst nicht einleuchten. Schließlich war ich mehr als zwei Jahre nach Kriegsende geboren. Meine Geschwister hatten mich immer ein wenig beneidet, weil ich die ganz schlechte Zeit nicht erlebt hatte. Als Nesthäckchen hatte ich später sogar ein wenig vom wirtschaftlichen Aufschwung profitiert – auch wenn das sogenannte Wirtschaftswunder wegen der Arbeitslosigkeit meines Vaters und der Trennung der Eltern an uns weitgehend vorbei gegangen war. Ich gehöre nicht zur Generation der Kriegskinder, die durch das Erleben von Verfolgung, Krieg, Flucht und Vertreibung traumatisiert sind. Ich gehöre auch nicht zu den Kriegsenkeln, die von den erwachsen gewordenen Kriegskindern und ihren Beschädigungen geprägt sind. Doch so schematisch muss man das wohl nicht sehen.

In der Literatur über die Kriegskinder, die seit den Nuller-Jahren erschienen ist, habe ich immer wieder Schilderungen gelesen, welche Bürde die Kriegskinder bis ins hohe Alter zu tragen haben. Psychotherapeuten haben – auch bei sich selbst – aufgedeckt, wie sehr die Kriegserfahrungen die späteren Erwachsenen an einer gesunden Entwicklung und einem glücklichen Leben hindern.

Das Buch von Anne-Ev Ustorf über die Kinder der Kriegskinder trägt den Untertitel „Die Generation im Schatten des Zweiten Weltkrieges". Sie definiert die Jahrgänge zwischen 1927 und 1947 als Kriegskinder. In der Forschung sei längst bekannt, dass traumatische oder belastende Erfahrungen, wenn sie nicht aufgearbeitet würden, auf die nächste Generation übertragen werden könnten. Eine „transgenerationale Weitergabe" konstatieren Psychiater und Therapeuten bei den Kindern von Tätern und Opfern, von Soldaten und Flüchtlingen - und sogar von der Kriegskindern zu den Enkeln.

In Anne-Ev Ustorfs Feststellung über die Enkelgeneration fühle auch ich mich beschrieben: „*Wir sind eine Generation, deren Lebensgefühl geprägt ist von emotionalen Erfahrungen, die gut 60 Jahre zurückreichen: die Heimatlosigkeit, das Gefühl, sich nirgendwo verwurzeln zu können, die eingeimpfte Existenzangst, Bindungsschwierigkeiten, Identitätsverwirrungen und vor allem das Gefühl, bei den Eltern etwas wieder gutmachen zu müssen...Doch mehr als alles andere hat uns wohl die emotionale Sprachlosigkeit in unseren Familien geprägt.*" In den Schilderungen der Kriegskinder- und Kriegsenkel habe ich mich wieder erkannt. Ich habe begriffen, dass meine Familiensituation nicht einzigartig und nicht untypisch für meine Generation war.

Die unbewältigten Traumata meiner Eltern, die lebenslange Weigerung, sich damit auseinanderzusetzen, das Schweigen, die Unfähigkeit, Gefühle zuzulassen und zu zeigen, das Unvermögen, die Bedürfnisse ihrer Kinder wahrzunehmen und ihnen emotionale Sicherheit zu bieten, hatte für uns alle Folgen. Jedes der vier Kinder war in einer anderen Weise betroffen. Ich musste mir mein Selbstwertgefühl erst mühsam erkämpfen und mit Leistung erarbeiten. Ich muss bis heute gegen die Depressionen angehen, die aus dem Mangel in der Kindheit rühren. Die Angst vor Nähe und Bindung hat verhindert, dass ich eine stabile Beziehung hatte und es wagte, Kinder zu bekommen. Ich habe mich durchgebissen. Ich habe mein Leben in den Griff bekommen und gelernt, mich zu freuen und zu genießen. Es bleibt aber ein Rest Trauer über das, was ich wegen dieser schwierigen Startbedingungen nicht geschafft habe.

Die „Entdeckung" der Kriegskinder und Kriegsenkel als primär oder sekundär traumatisierte Generation und die These von der transgenerationalen Weitergabe von traumatischen Erfahrungen hat sicher vielen Betroffenen die Augen geöffnet und dazu beigetragen, dass sie sich selbst besser verstehen können. Bei mir bleibt dennoch ein ungutes Gefühl, mich als Kind eines Täters als Opfer empfinden zu sollen. Ich weiß nicht, ob es meine Mutter war, die mir klar gemacht hat, welche Schuld die Deutschen auf sich geladen haben und dass auch die nachfolgende Generation Verantwortung zu tragen hat. Oder war es die Schule oder erst die Universität? Waren es die Debatten der 68er Jahre, die mein historisches und politisches Bewusstsein geschärft haben. ich erinnere mich, dass ich der Debatte um eine Kollektivschuld völlig verständnislos gegenüber gestanden habe. Denn für mich war es selbstverständlich, dass auch wir uns, die wir erst nach dem Krieg geboren wurden, nicht völlig von der Schuld der Deutschen frei machen können, sondern dass wir eine besondere Verantwortung dafür zu übernehmen haben, dass nie wieder ein diktatorisches Regime entstehen kann, in dem gemordet wird und die Menschenrechte missachtet werden. Ich habe mich schon früh mit der Nazi-Zeit beschäftigt. Ich habe mich für die Schicksale der Verfolgten interessiert und die Literatur der Exil-Schriftsteller verschlungen. Meinen Beruf als Journalistin habe ich gewählt, nicht weil ich schön schreiben und Menschen unterhalten wollte, sondern weil ich aufklären wollte über Zusammenhänge und Hintergründe, weil ich aufmerksam machen wollte auf Probleme und Missstände. Ich habe im Kleinen und in meinem Umfeld versucht, Empathie und Solidarität zu zeigen mit denen, die schwach sind oder denen Ungerechtigkeit widerfahren ist. Ich wollte nie einer Partei beitreten, aber ich habe mich engagiert für die Opfer von Tschernobyl, für verfolgte Journalistinnen und Journalisten – und schließlich in der Flüchtlingsarbeit. Im Nachhinein sehe ich die innere Logik.

Die Journalistin Anne-Ev Ustorf beschreibt, wie sie sich fast wie in einer Obsession immer intensiver um Flüchtlinge aus Afghanistan und Serbien gekümmert hat, bis sie nahe am Burnout war. Eine interessante Parallele. Auch ich engagiere mich für Flüchtlinge. Empathie und Solidarität sind mir sehr wichtig. Beim Versuch, einen Kollegen aus Syrien „zu retten", hätte auch ich mich beinahe verloren.

Archivanfragen Richard Montag

Bayerisches Hauptstaatsarchiv 2011, 2015

BND, 2014

Behörde des Bundesbeauftragten für die Unterlagen des Staatssicherheitsdienstes der Deutschen Demokratischen Republik (
in Akten BDC+ sog. NS-Archiv des MfS), 1997, 2000, 2014

Bundesamt für Verfassungsschutz, 2014

Bundesarchiv Berlin, Finkensteinallee 1997, 2010
Bundesarchiv, Militärarchiv Freiburg 2010, 2014, 2015
Bundesarchiv, Außenstelle Ludwigsburg : 2012, 2015
Bundesarchiv, Lastenausgleichsarchiv Bayreuth, 2011

Deutsche Dienststelle für die Benachrichtigung der nächstgen
Angehörigen von Gefallenen der ehemaligen deutschen Wehrmacht (WASt) 2011

Deutsche Hochschule der Polizei, Münster, 2011
Villa ten Hompel, Münster, 2011, 2015

Deutsche Rentenversicherung, 2014

Internationaler Suchdienst, International Tracing Service (ITS),
Bad Arolsen

Narodni Archiv, Prag, 2014
Militärzentralarchiv, Prag(Sokolowska 136 ???)
Polizeiarchiv Prag, Na Struze 2015 ???
Staatliches Kreisarchiv Reichenberg/Liberec, 2014
Staatliches Kreisarchiv Böhmisch Leipa/Ceska Lipa, 2014

National Archives, Washington, 2014

Nationaalarchif Den Haag, 2014
Niederländisches Institut für Kriegsdokumentation, Niod, Den Haag, 2011
Das Gemeentearchif, Den Haag, 2014

Polnisches Nationalarchiv, Warschau, 2014

Public Record Office Kew Gardens = Britisches Staatsarchiv, 2014

Stiftung Sächsische Gedenkstätten
Sächsisches Staatsarchiv, Dresden, 2011, 2012
Hauptstaatsarchiv Dresden, 2012

Staatsarchiv Augsburg 2016

Staatsarchiv München 2011, 2016

Literaturverzeichnis:

Allgemein:

Baer, Udo/Frick-Baer, Gabriele: Kriegserbe in der Seele. Was Kindern und Enkeln der Kriegsgeneration wirklich hilft, Weinheim 2015

Banach, Jens: Heydrichs Elite. Das Führerkorps der Sicherheitspolizei und des SD 1936-1945, Paderborn 1998

Bauer, Josef Martin: So weit die Füße tragen, München 1955

Bode, Sabine: Die vergessene Generation. Die Kriegskinder brechen ihr Schweigen,
München 2005

Bode, Sabine: Kriegsenkel. Die Erben der vergessenen Generation, Stuttgart 2009

Boberach, Heinz: Bestand R 58, Reichssicherheitshauptamt, Materialien aus dem Bundesarchiv, Koblenz 1982

Bundeszentrale für politische Bildung (Hg.): Demokratisieruzng durch Entnazifizierung und Erziehung, In: Informationen zur politischen Bildung Heft 235, Bonn 2005

Leverkühn, Gert: Der deutsche Geheimdienst. Spionageabwehr im Dritten Reich, Beltheim-Schnellbach 2010

Dams, Carsten/Stolle, Michael: Die Gestapo: Herrschaft und Terror im Dritten Reich, München 2012

Deutsche Hochschule der Polizei et. al. (Hg.): Ordnung und Vernichtung. Die Polizei im NS-Staat, Dresden 2011

Geßner, Klaus: Geheime Feldpolizei, Osterberlin 1986/2010

von Götz/Zwaka, Petra (Hg.): SA-Gefängnis Papestraße, Ein frühes Konzentrationslager in Berlin, Berlin 2013

Großcurth, Helmuth: Tagebücher eines Abwehroffiziers 1938-
1940, Stuttgart 1970

Herbert, Ulrich: Werner Best. Biographische Studien über Radi-
kalismusm Weltanschauung und Vernunft 1903 – 1989, Bonn
1996

Ingrao, Christian: Hitlers Elite: die Wegbereiter des nationalsozialistischen Massenmordes, Bonn 2012

Hudson, Walter M.: The US Military Government and democratic
reform and denazification, Cambridge/Mass. 2001

Kannapin, Norbert: Die deutsche Feldpost 1939 - 1945, Osna-
brück 1987

Krausnick, Helmut/Wilhelm, Hans Heinrich: Die Truppen des
Weltanschauungskrieges. Die Einsatzgruppen der Sicherheitspolizei und des Sicherheitsdienstes 1938-1942, Stuttgart 1981

Kurowski, Franz: Deutsche Kommandotrupps 1939 – 1945,
Stuttgart 2003

Leupold, Dagmar: Nach den Kriegen. Roman eines Lebens, München 2004

Leverkühn, Paul: Der geheime Nachrichtendienst der deutschen

Wehrmacht, Frankfurt 1957

Mader, Julius: Hitlers Spionagegenerale sagen aus, Berlin 1970

Mallmann, Klaus-Michael: Karrieren der Gewalt: nationasozia-
listische Täterbiographien, Darmstadt 2013

Mallmann, Klaus-Michael/Musial, Bogdahn (Hg.): Genesis des
Genozids. Polen 1939-1941, Stuttgart 2004

Meyer, Winfried: Unternehmen Sieben. Eine Rettungsaktion
für vom Holocaust Bedrohte aus dem Amt Ausland/Abwehr im
Oberkommando der Wehrmacht, Frankfurt 1993

Müller, Michael: Canaris. Hitlers Abwehrchef, Berlin 2007

Müller, Norbert et al.(Hg.): Das Amt Ausland/Abwehr im Oberkommando der Wehrmacht, Materialien aus dem Bundesarchiv;
Heft 16, Koblenz 2007

Nicolai, Walter: Geheime Mächte. Internationlae Spionage und
ihre Bekämpfung im Weltkrieg und heute, Leipzig 1923

Niethammer, Lutz: Entnazifizierung in Bayern. Säuberung und
Rehabilitation unter amerikanischer Besatzung, Frankfurt 1972

Ohler, Norman: Der totale Rausch. Drogen im Dritten Reich, Köln
2015

Pieper, Christiane et al.: Braune Karrieren. Dresdner Täter und
Akteure im Nationalsozialismus, Dresden 2012

Pahl, Magnus: Fremde Heere Ost. Hitlers militärische Feindaufklärung, Berlin 2012

Paul, Gerhard (Hg.): Die Gestapo im 2. Weltkrieg: „Heimatfront und besetztes Europa, Darmstadt 2000

Paul, Gerhard (Hg.): Die Gestapo. Mythos und Realität, Darmstadt 2003

Pohl, Dieter: Verfolgung und Massenmord in der NS-Zeit: 1933 – 1945, Darmstadt 2008

Radebold, Hartmut: Die dunklen Schatten unserer Vergangenheit Hilfen für Kriegskinder im Alter, Stuttgart 2005

Rost, Gunther: Rechtliche Aspekte der Entnazifizierung in Bayern, Nürnberg 1976

Reile, Oskar: Der deutsche Geheimdienst im Zweiten Weltkrieg, Augsburg 1990

Schneider, Michael/Süsss, Joachim (hg.): Nebelkinder. Krriegsenkel treten aus dem Traumaschatten der Geschichte, Berlin 2015

Schreiber, Carsten: Elite im Verborgenen. Ideologie und regionale Herrschaftspraxis des Sicherheitsdienstes der SS und seines Netzwerks am Beispiel Sachsens, München 2008

Schröder, Joachim, für Polizeipräsidium München/Kulturreferat der Landeshaupstadt München (Hg.): Die Münchner Polizei und der Nationalsozialismus, Essen 2013

Dagmar Unverhau: Das NS-Archiv des MfS. Stationen einer Entwicklung, Münster 2004

Ustorf, Anne-Ev: Wir Kinder der Kriegskinder. Die Generation im Schatten des Zweiten Weltkriegs, Freiburg 2010

Wildt, Michael: Generation des Unbedingten. Das Führungs-korps des Reichssicherheitshauptamtes, Hamburg 2003
Wildt, Michael (Hg.): Nachrichtendienst, politische Elite und Mordeinheit. Der Sicherheitsdienst des Reichsführer der SS, Hamburg 2003

Polen:

Buchheit, Gert: Der deutsche Geheimdienst. Spionageabwehr im Dritten Reich, Beltheim-Schnellbach 2010

Tomasz Chincinsky: Hitlers Vorposten: die Aktivitäten des deut-schen Geheimdienstes im Jahre 1939, Vortrag aus Anlass des 70. Jahrestages des deutschen Überfalls auf Polen, Berlin 28. August 2009

Dams,Carsten/Stolle, Michael: Die Gestapo, München 2008/2012

Mallmann, Klaus.Michael/Musial, Bogdan (Hg.): Genesis des Genozids, Polen 1939-1941, Stuttgart 2004

Mallmann, Klaus-Michael/Böhler, Jochen/Matthäus, Jürgen (Hg.): Einsatzgruppen in Polen. Darstellung und Dokumentation, Darmstadt 2008

Paul, Gerhard (Hg.): Die Gestapo im 2. Weltkrieg: „Heimatfront und besetztes Europa, Darmstadt 2000

Seltmann, Uwe von: Todleben. Eine deutsch-polnische Suche nach der Vergangenheit, München 2012

Snyder, Timothy: Bloodlands. Europa zwischen Hitler und Stalin, München 2015

Weitbrecht, Dorothee: Der Exekutionsauftrag der Einsatzgruppen in Polen, Filderstadt 2001

Wild, Michael: Generation des Unbedingten. Das Führungskorps des Reichssicherheitshauptamtes, Hamburg 2003

Michael Wildt (Hg.): Nachrichtendienst, politische Elite und Mordeinheit. Der Sicherheitsdienst des Reichsführers der SS, Hamburg 2003

Holland:

Giskes, Hermann J.: London ruft Nordpol, Bergisch Gladbach 1982

Hirschfeld, Gerhard: Fremdherrschaft und Kollaboration. Die Niederlande unter deutscher Besatzung 1940 – 1945, Stuttgart 1984

Jong, Louis de: The Netherlands an Nazi Germany, Cambridge, Mass. 1990

Houwink ten Cate, Johannes/Kenkmann, Alfons (Hg.), Für Förderverein Villa ten Hompel): Deutsche und holländische Polizei in den besetzten niederländischen Gebieten. Dokumentation einer Arbeitstagung, Münster 2002

Koll, Johannes: Arthur Seyss-Inquart und die deutsche Besatzungspolitik in den Niederlanden (1940-1945), Wien/Köln/Weimar 2015

Meershoek, Guus: Sicherheitspolizei und SD in den Niederlanden, in: Paul, Gerhard (Hg): Die Gestapo im 2. Weltkrieg, Darmstadt 2000, S. 383 ff.

Nestler, Ludwig (Hg.): Die faschistische Okkupationspolitik in Belgien, Luxemburg und den Niederlanden 1940 – 1945, Berlin 1990

Jugoslawien:

John Corsellis/Marcus Ferrar: Slovenia 1945. Memories of Death and Survival after World War II, London/New York 2005

Drzavni Sekretariat za Unutrasnje Poslove FNRJ, Unuprava Dranvne Bezbednosti (Hg.):
Nemacka obavestajna Sluzba u Okupiranoj Jugoslaviji, Bd.V, Belgrad 1958
(Jugoslawisches Innenministerium, Behörde der Staatssicherheit: Der deutsche Geheimdienst im okkupierten Jugoslawien) Neuauflage: Zagreb 2011

Seckendorf, Martin (Hg.): Die Okkupationspolitik des deutschen Faschismus in Jugoslawien, Griechenland, Albanien, Italien und Ungarn 1941-1945, Berlin 1992

Schmider, Klaus: Partisanenkrieg in Jugoslawien 41-44, Hamburg/Berlin/Bonn 2002

Seckendorf, Martin (Hg.). Die Okkupationspolitik des deutschen Faschismus in Jugoslawien, Griechenland, Albanien, Italien und Ungarn (1941-1945), Berlin/Heidelberg 1992

Wolf, Karl-Dieter: Das Unternehmen Rösselsprung, in: Vierteljahreshefte des Instituts für Zeitgeschichte, München 4/1970

Tschechien:

Ströbinger, Rudolf: A-54. Spion mit drei Gesichtern, München 1965

Ströbinger, Rudolf: Die unheimliche Jagd. Der Kampf der Geheimdienste, Landshut 1977

Moravec, Frantisek: Master of Spies, London, Sidney, Toronto 1975
Zimmermann; Volker: Die Sudetendeutschen im NS-Staat. Politik und Stimmung der Bevölkerung im Reichsgau Sudentenland (1938-1945), Essen 1999

Zimmermann, Volker: Die Sudetendeutschen im NS-STaat. Politik und Stimmung der Bevölkerung im Reichsgau Sudetenland (1938-1945), Essen 1999

DANKSAGUNG

In allererster Linie danke ich meiner Schwester Ursula Stahlbusch, die meine Erinnerungen durch die ihren ergänzt hat. Sie hat mir Anregungen und Denkanstöße gegeben und mich über die Zeit der Recherche und des Schreibens begleitet.

Ich bedanke mich bei allen, die mich bei meinen Nachforschungen unterstützt haben.

Arthur Dittlmann, der viele Gespräche ausgehalten hat, machte sich die Mühe und las den ersten Manuskriptentwurf und stellte viele Fragen.

Mitarbeiter der Behörde des Bundesbeauftragten für die Unterlagen des Staatssicherheitsdienstes der ehemaligen Deutschen Demokratischen Republik haben mit ihrem Aktenfund die Basis für meine Recherchen gelegt.

Die Archivare der verschiedenen Stellen des Bundesarchivs haben geduldig auf meine wiederholten Anfragen geantwortet. Rüdiger Overmanns hat mir einen ersten Überblick über die Recherchelage gegeben und eine Einschätzung geliefert.

Wichtige Quellen hat mir Dr. Robert Bierschneider vom Staatsarchiv München erschlossen.

Hinweise und einen Dokumentenfund verdanke ich dem Sächsischen Staatsarchiv und der Gedenkstätte Münchner Platz Dresden.

Von der Deutschen Hochschule der Polizei in Münster habe ich wertvolle Literatur-Hinweise bekommen.

Die Hilfe der Mitarbeiter der Villa ten Hompel in Münster, Thomas Kleinknecht und Thomas Köhler, hat mir die Recherche in Holland ermöglicht.

Georg Wiesmaier hat die Spur in Jugoslawien und den Decknamen meines Vaters entdeckt.

Mein Kollege Đorđe Miletić hat mir geholfen, die Informationen über die jugoslawische Zeit einzuordnen.

Ich danke den Historikern, die mir Tipps und Einordnungshilfe gaben: Dr. Andrej Angrick und Giles Bennett.

Beeindruckt hat mich auch die Auskunftsfreude der Archive in Tschechien.

Überrascht war ich von der schnellen und unbürokratischen Unterstützung, die ich von den National Archives and Records Administration in Washington erfahren habe.

Ich danke Martin Geiger für die grafische Unterstützung.

Über die Verfasserin

Dr. Helga Montag, geboren in Altenmarkt a.d.Alz/Oberbayern. Abitur in Traunstein. Studium der Kommunikationswissenschaft, Politischen Wissenschaft und Anglistik an der Ludwig-Maximilians-Universität in München. Ausbildung an der Deutschen Journalistenschule/München 1974/75. Promotion 1976 zum Thema Kommerzieller Rundfunk. Redakteurin im Hörfunk des Bayerischen Rundfunks in einer aktuellen Abteilung und der Feature-Redaktion bis 2012. Engagement in Aus- und Fortbildung.